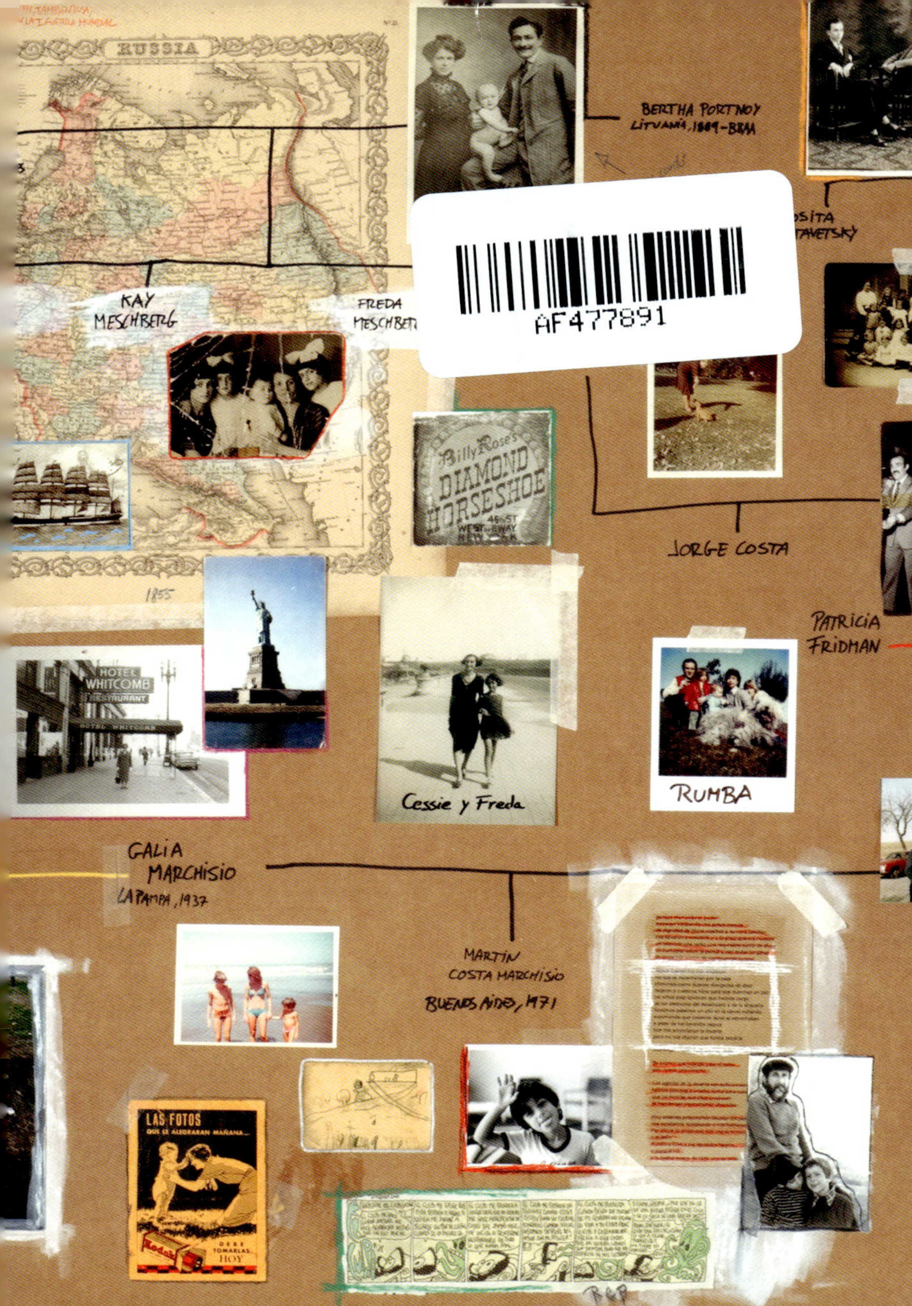

RUSSIA
BERTHA PORTNOY
LITUANIA, 1889-BAM
KAY MESCHBERG
FREDA MESCHBERG
Billy Rose's
DIAMOND
HORSESHOE
46 ST
WEST B'WAY
NEW YORK
1855
HOTEL WHITCOMB
RESTAURANT
HOTEL WHITCOMB
Cessie y Freda
JORGE COSTA
PATRICIA FRIDMAN
RUMBA
GALIA MARCHISIO
LA PAMPA, 1937
MARTIN COSTA MARCHISIO
BUENOS AIRES, 1971
LAS FOTOS
QUE SE ALEGRABAN MAÑANA...
DEBE
TOMARLAS
HOY
Kodak

Biblioteca PHotoBolsillo

Matías Costa

PHoto**Bolsillo**   LA FABRICA EDITORIAL

ACTUALIZACION

Of. Secc. Nº 9066 _ MADRID

Fecha 7_09_1987.

Firma del identificado/a

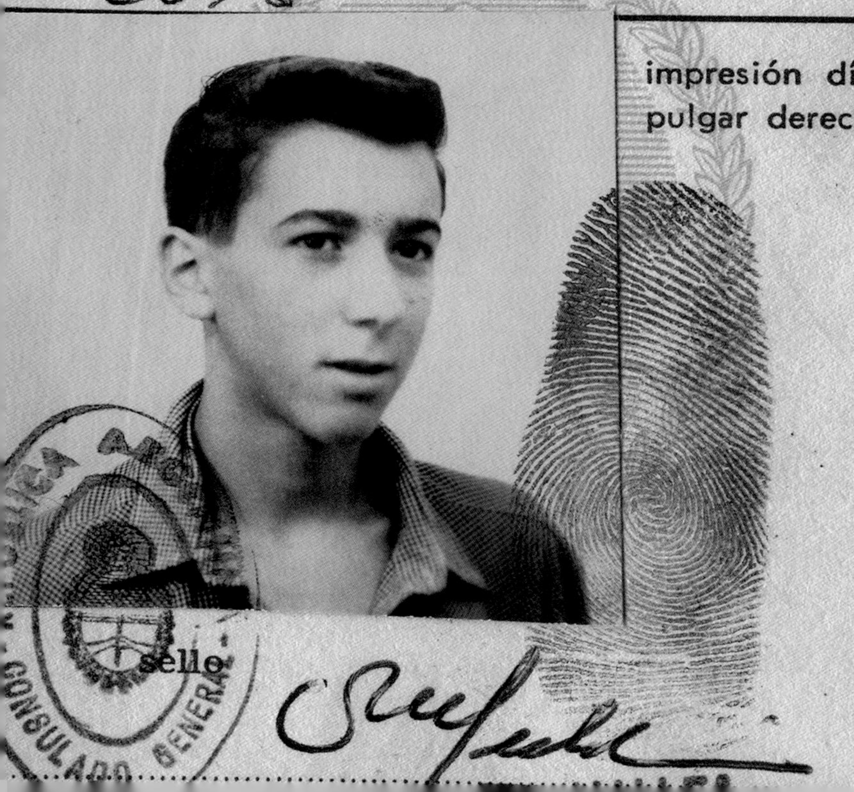

Matías Costa
Angular
Por Francisco Calvo Serraller

No sé cuántos motivos puede haber para disparar una foto, sobre todo si el que lo hace carece de una motivación. Tener una motivación profesional concreta algo el panorama, pero, a la vez, lo trivializa. Quiero imaginar a alguien, si es posible, que dispara una foto porque sí, sin que nadie se lo pida. Ni por favor, ni por recuerdo, ni por trabajo. Por nada en especial: simplemente porque sí. Alguien que ha creído ver algo en la realidad que necesita ser rescatado, que quiere concederse una pausa para pensar. Un interruptor del tiempo que encienda la realidad. No un receptor, sino un creador de imágenes. Alguien, en fin, con imaginación; esto es: que es capaz de ver, cada vez, el más allá de lo que ve, que trata de lograr un punto de extrañeza que reviente y reinvente lo real. Un poeta de la mirada.

Una de las series fotográficas que ha realizado Matías Costa se titula precisamente «Extraños». Se expuso en público, por primera vez, en 2003. Contiene una selección del material acopiado, durante media docena de años, sobre la inmigración. Otra serie, exhibida en público en 2009, se titula «The Family Project», cuyo enunciado ya adelanta su tema, si bien hay que aclarar, por una parte, que trata de la familia del autor y, por otra, advertir que las historias familiares, aunque tengan un futuro indeterminado, nos remiten siempre hacia el pasado. Por naturaleza, ambas series son *infinitas* —no tienen límite—, pero nos proponen dos prospecciones divergentes: la primera, un viaje horizontal; la segunda, un viaje vertical. De manera que, si las visualizamos simultáneamente en términos geométricos, forman un ángulo recto. He aquí, pues, que el angular de Matías Costa es un ángulo recto.

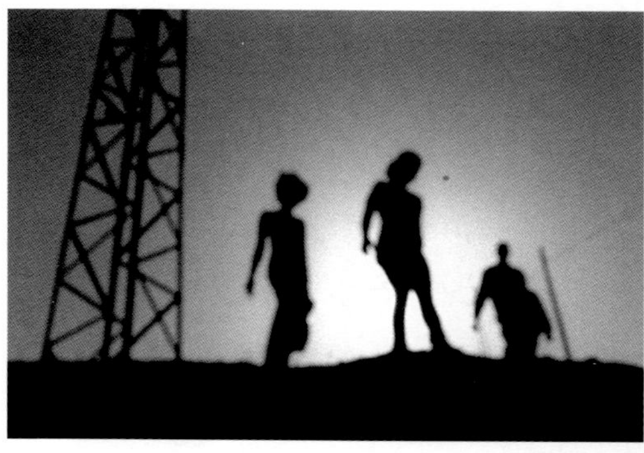

Extraños. Ceuta, 2000

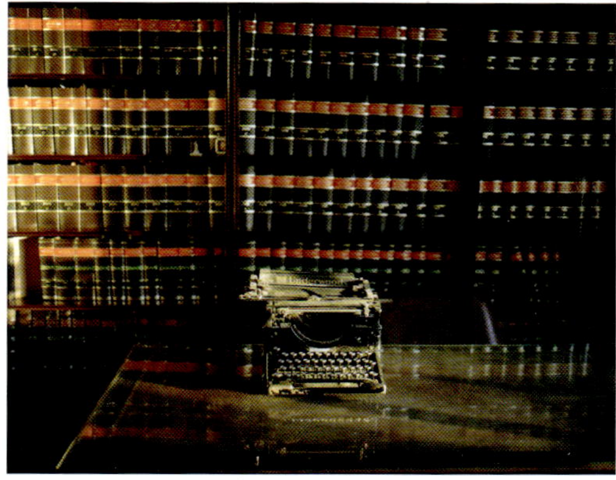

Los términos «ángulo», «angustia» o «angosto», y hasta el mismo «ángel» comparten una misma raíz: «ang», que precede y anuncia la tensión de lo divergente, porque si, por ejemplo, lo imaginamos como una línea continua, esta será ondulante o serpenteante. En cualquier caso, la «rectitud» del ángulo recto le vendría de sintetizar al máximo —idealmente— toda la dirección posible, pues junta la horizontal y la vertical, lo cual explicaría el porqué Mondrian puso en él la clave última espacial del plano. Pero si hemos mezclado los ángulos con los ángeles y las angustias es no solo por la energía que desencadenan dos direcciones contrapuestas, sino, sobre todo, por su calado existencial. Dos direcciones, dos naturalezas, dos paredes. Un viaje. Un viaje exterior y un viaje interior.

Basta con conocer el nombre y los apellidos de Matías Costa y su nacimiento en Buenos Aires para saber que forma parte entrañable de esa riada interminable de la migración. Salvo un corto periodo de tiempo, migrar ha sido la condición casi natural del ser humano, pues de su aproximadamente larga historia, que se estima en millón y medio de años, tan solo se ha mantenido inmóvil o enraizado, siempre con carácter relativo, unos tres mil años, los que transformaron a un cazador-recolector en permanente movimiento en un colono, un explotador de la tierra. Tras la Revolución Industrial, se migró a las ciudades, pero hoy en día esta estabilidad artificiosa se deshace de mil maneras. En cualquier caso, una cosa es migrar y otra lo que significa este mismo verbo acompañado de partículas, como emigrar o inmigrar, que nos indican que el movimiento o cambio de lugar viene por alguna razón forzado. Entre las fuerzas que impelen a un cambio de lugar no deseado está también la que expresa el término «exilio», que comporta una salida de uno mismo motivada por un acoso ideológico. Significativamente, hoy se reserva el término de migrar casi tan solo para los animales y, en especial, las aves, mientras que los movimientos permanentes de los seres humanos son llamados emigración, inmigración o exilio, lo que nos anuncia la inestabilidad económica, social y política de nuestro mundo moderno.

Por estirpe y circunstancias personales, Matías Costa es alguien avezado en emigraciones, inmigraciones y exilios, lo que quizá nos ayude a comprender por qué es un creador de imágenes cortadas por la extrañeza y la memoria, las dos líneas de fuerza que articulan la recta angulación de su forma de mirar el mundo. Alguien que emprende un viaje horizontal, el que recorre el horizonte de nuestro planeta, atraviesa escenarios físicos y antropológicos diferentes de los nativos, con lo que ve cosas para él extrañas y es visto sucesivamente como un extraño. Las fotos de Matías Costa son un formidable testimonio de esta extrañeza, de esa ajenidad y, también, nunca mejor dicho para el caso, de esta alienación, porque estar alienado no significa otra cosa que vivir en relación con lo otro más que con lo propio. Pero ¿cómo una imagen sin palabras nos puede adentrar en ese drama del humano extrañamiento? Las fotos de Matías Costa, tanto en la serie «Extraños», como en otras afines, rehúyen la retórica melodramática y nos introducen en el sórdido paisaje anónimo —sórdido por anónimo— de la emigración, con esa estela de datos indirectos de la nocturnidad, el apresuramiento, el agobio, el peso muerto de llevar todas las pertenencias encima. Pero lo que hace, a mi juicio, más corrosivamente veraces las fotos de los emigrantes de Matías Costa es que patentizan lo interminable del camino, la desolación de un moverse sin fin, porque el emigrante sabe de dónde viene, mas nunca adónde va a parar. En este sentido, la quizá más angustiosa fotografía de esta serie sea la de un desnudo horizonte marino.

Por lo demás, solo a quien se ha visto enfrentado con la experiencia de la emigración puede ocurrírsele el viaje vertical a las profundidades de su memoria personal. Es lo que le ha pasado a Matías Costa, y ha dejado constancia visual de ello a través de la serie «The Family Project», donde el autor remonta el tiempo de sus allegados

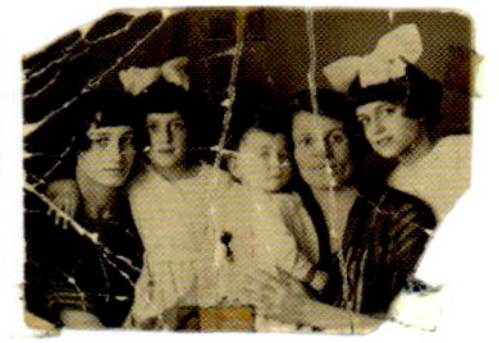

The Family Project. 2010

como quien construye un álbum o un puzle de fragmentos dispersos, buscando encontrarse, ya que no en un paisaje, al menos en un pasado. El viaje vertical hacia el pasado es un camino de exploración infernal, interpretando el término infierno en su sentido etimológico original, que significa «lo que está debajo de uno», podríamos añadir, para que así se sostenga mejor, pero también para hundirlo. Se trata, pues, del viaje subterráneo por antonomasia. A este viaje hacia atrás y hacia dentro, hacia lo subterráneo, Matías Costa se ha visto abocado, pero para dar testimonio visual de él no puede disparar más instantáneas que, por así decirlo, las que le proporcionan las imágenes *ready made*; esto es: que el único disparo que puede realizar su autor es el de hacer un *collage* de lo encontrado, donde, por fuerza, siempre faltarán piezas, que es lo que convierte este *collage* en un dramático *work in progress*, en una titánica o tantálica tarea, porque es, a la vez, un esfuerzo gigantesco y un suplicio.

No podemos decir que el mundo de Matías Costa se reduzca a estos dos viajes, pero sí que su recto ángulo visual está marcado por esta articulación esencial. Quiero decir que cuando, por ejemplo, se contemplan algunas de sus fotografías de paisajes o naturalezas muertas se sigue percibiendo en ellas esa coloración existencial que nos remite, no solo a captar lo singular y extraño de las situaciones y las cosas, sino también su fragilidad. Al revisar las fotos de Matías Costa hay la sensación de que enfoca con el revelador angular de un poeta de la mirada, que abarca el campo visual como un completo y profundo ángulo recto donde se revela la verdad.

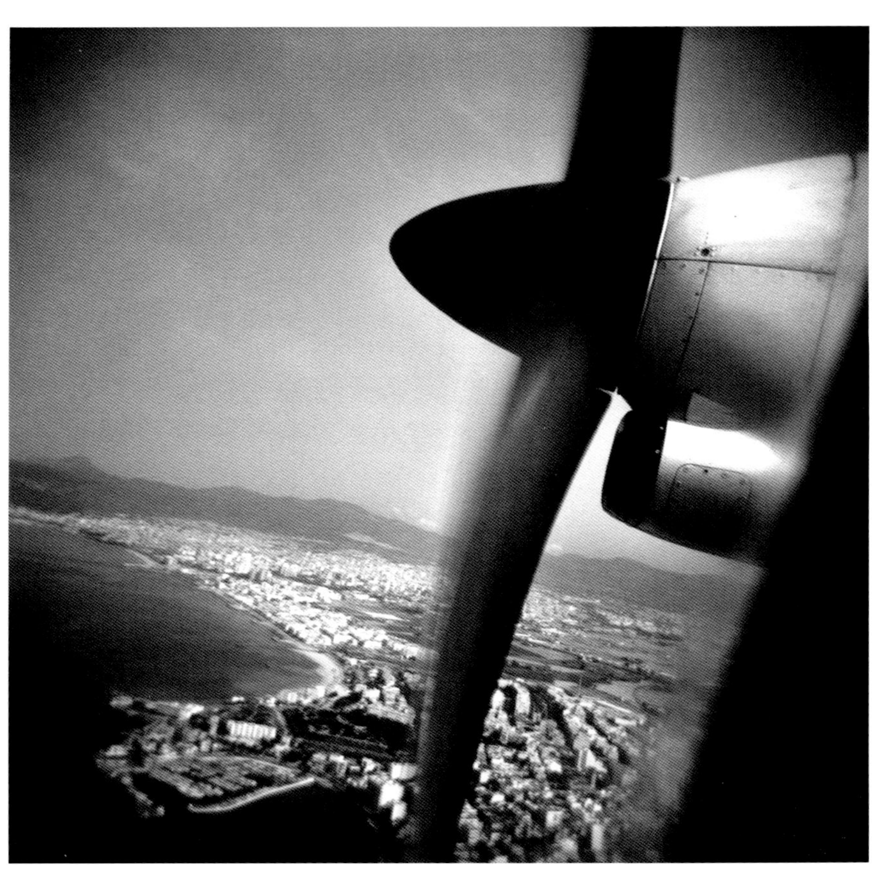

01. Fragmentos de un decorado. Isla de Palma, 2005

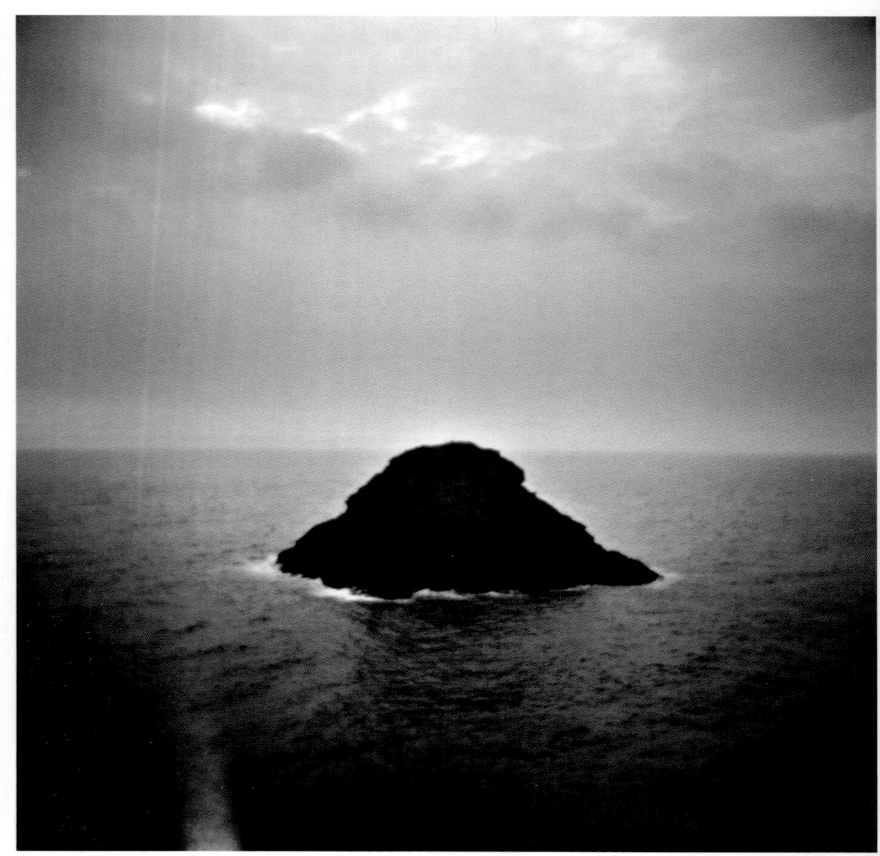

02. Fragmentos de un decorado. Tenerife, 2007

03. Fragmentos de un decorado. Desierto del Sáhara, Marruecos, 2005

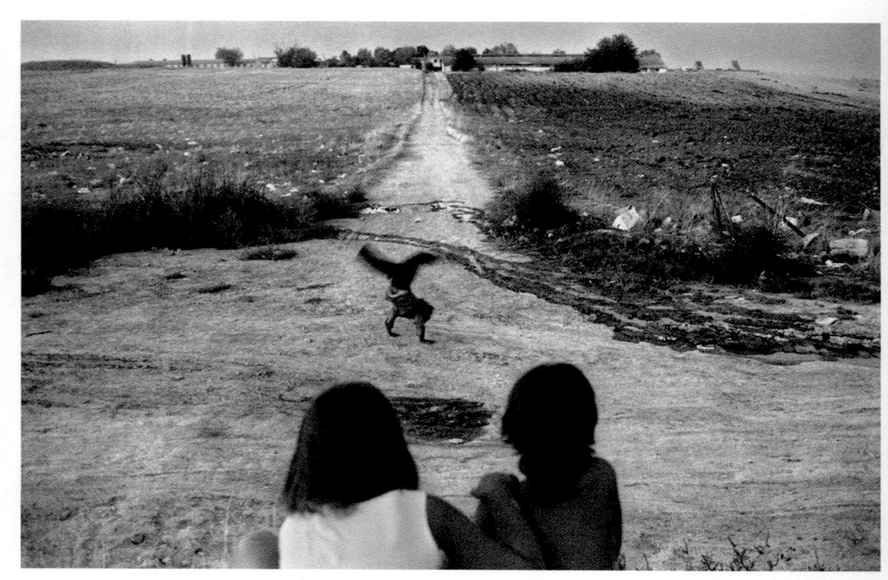

04. Hijos del vertedero. Madrid, 1996

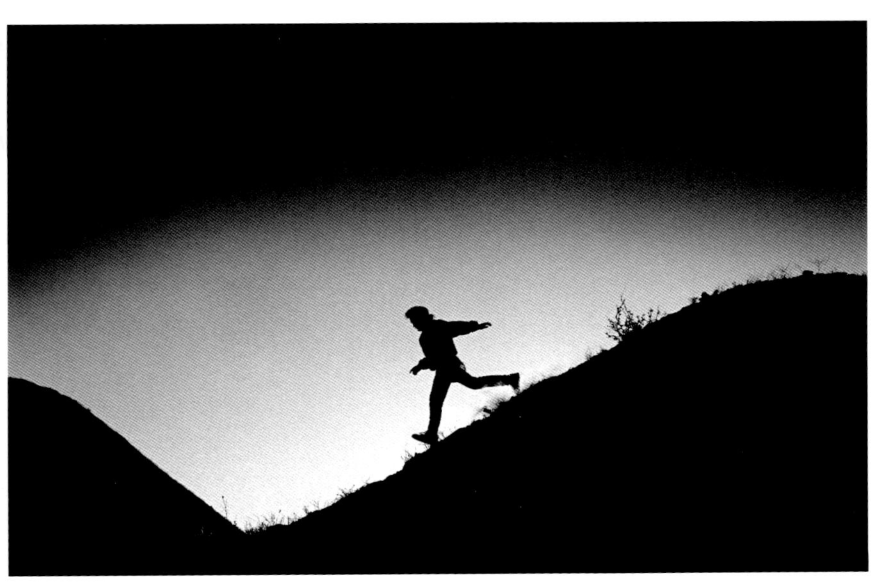

05. Hijos del vertedero. Madrid, 1996

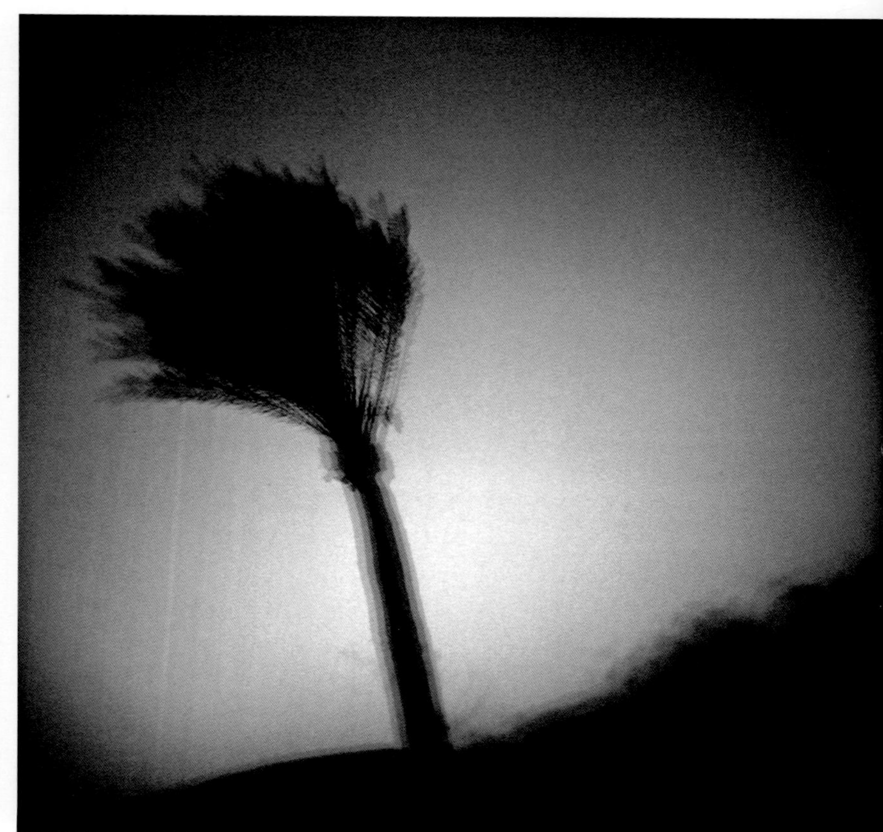

06. Fragmentos de un decorado. Fuerteventura, 2005

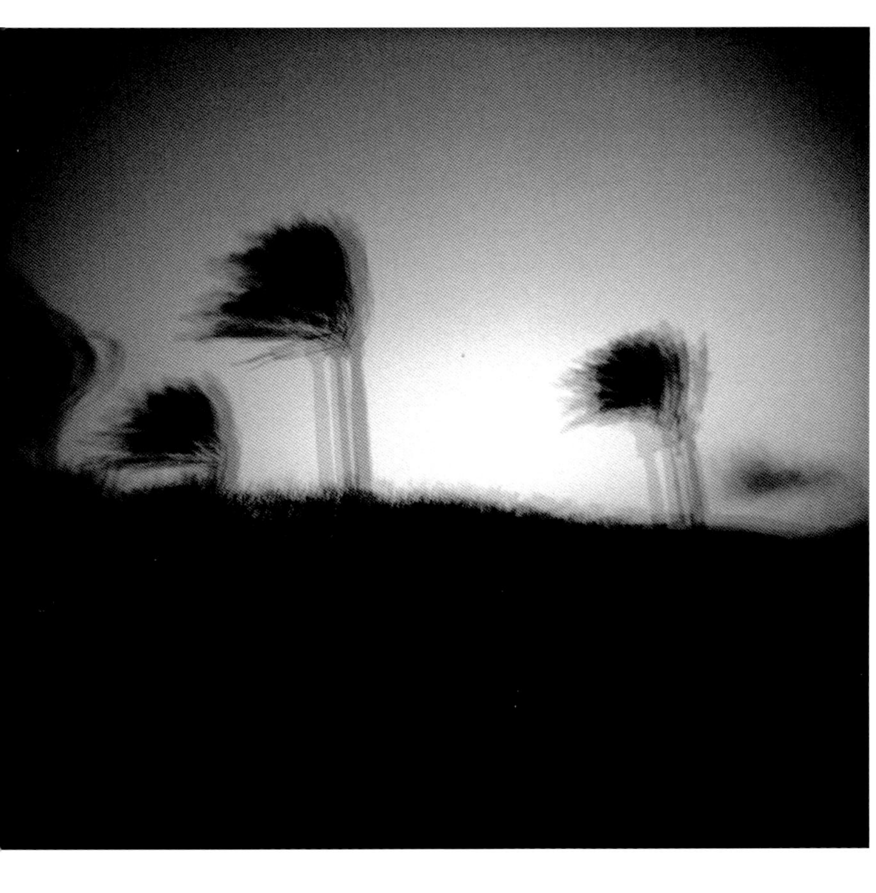

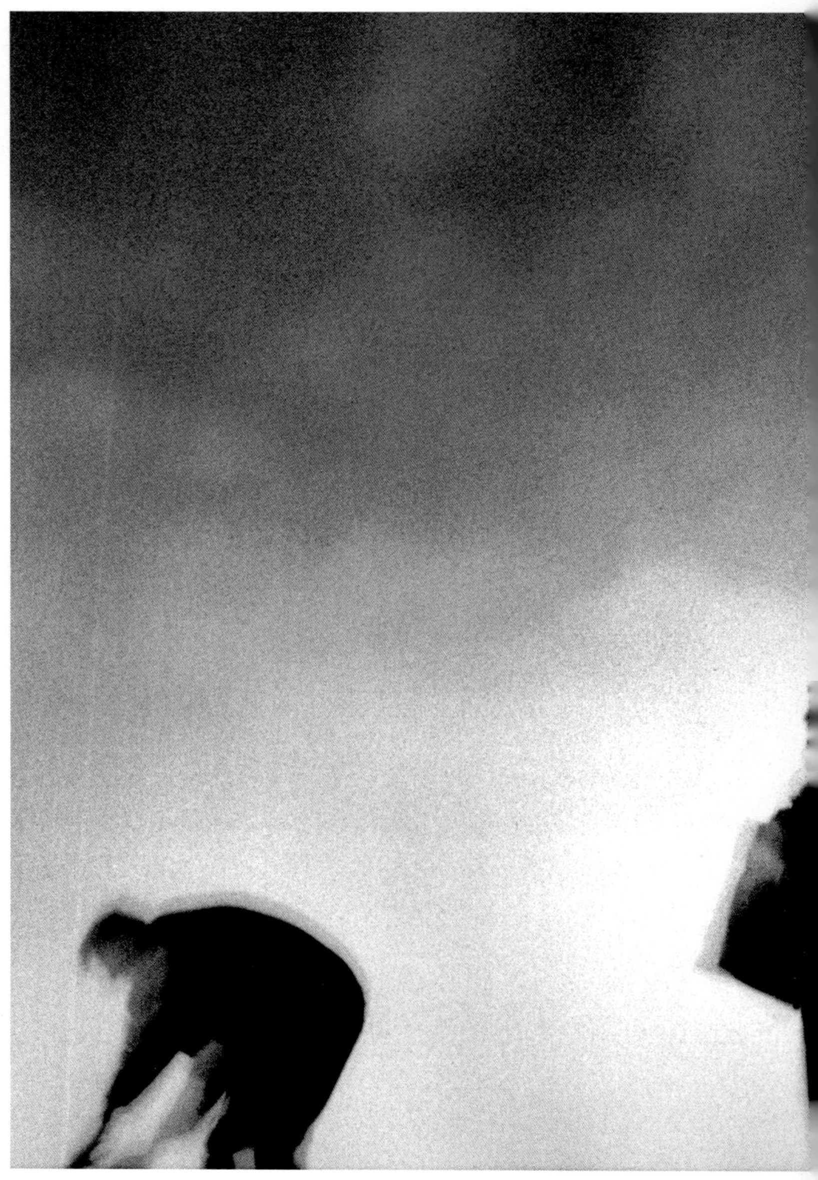

07. Extraños. Calais, Francia, 2003

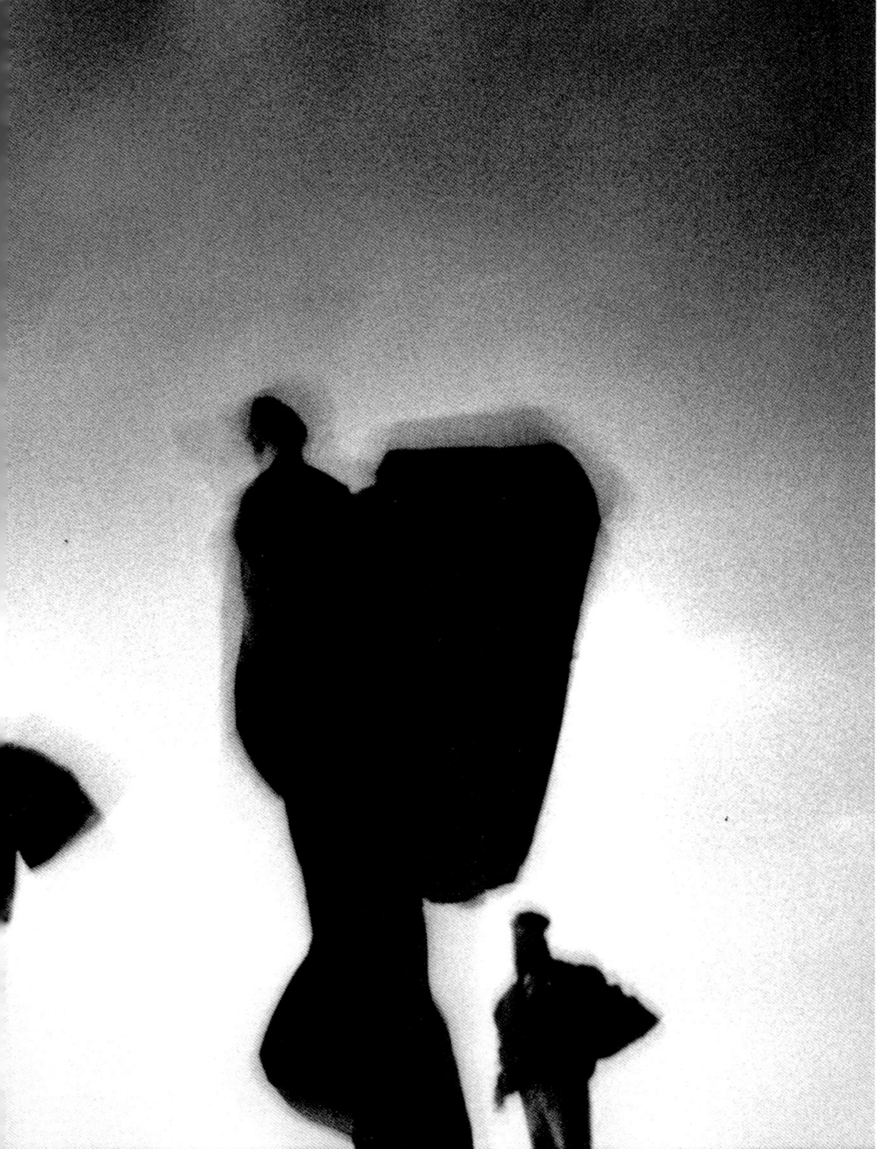

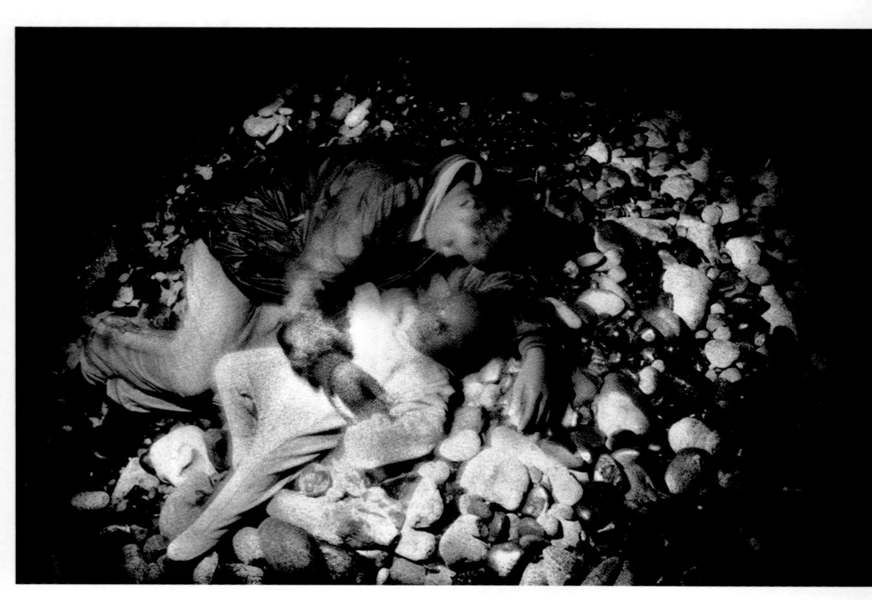

08. Extraños. Fuerteventura, 2004

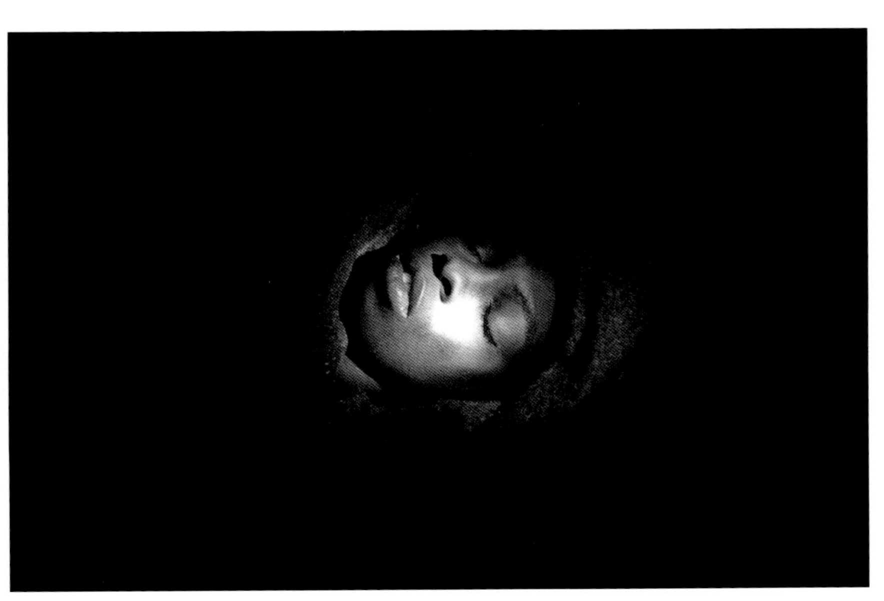

09. Extraños. Fuerteventura, 2004

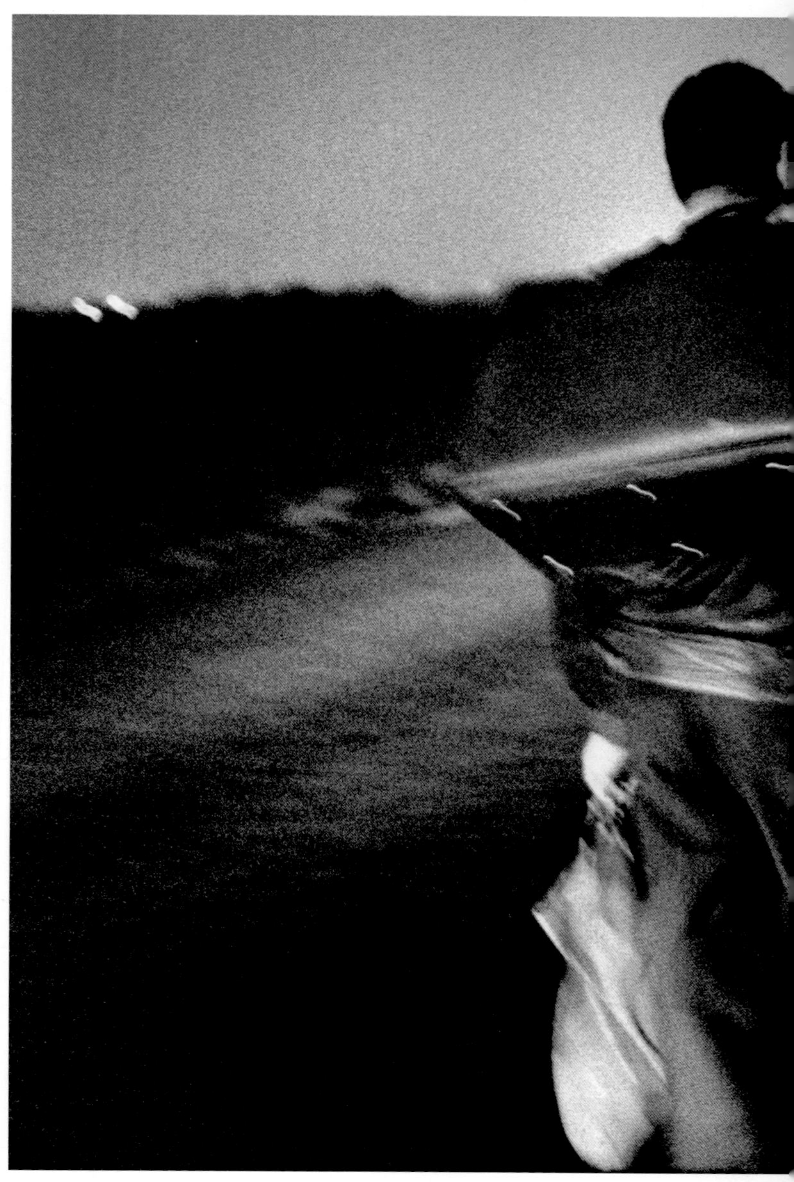

10. Extraños. Calais, Francia, 2003

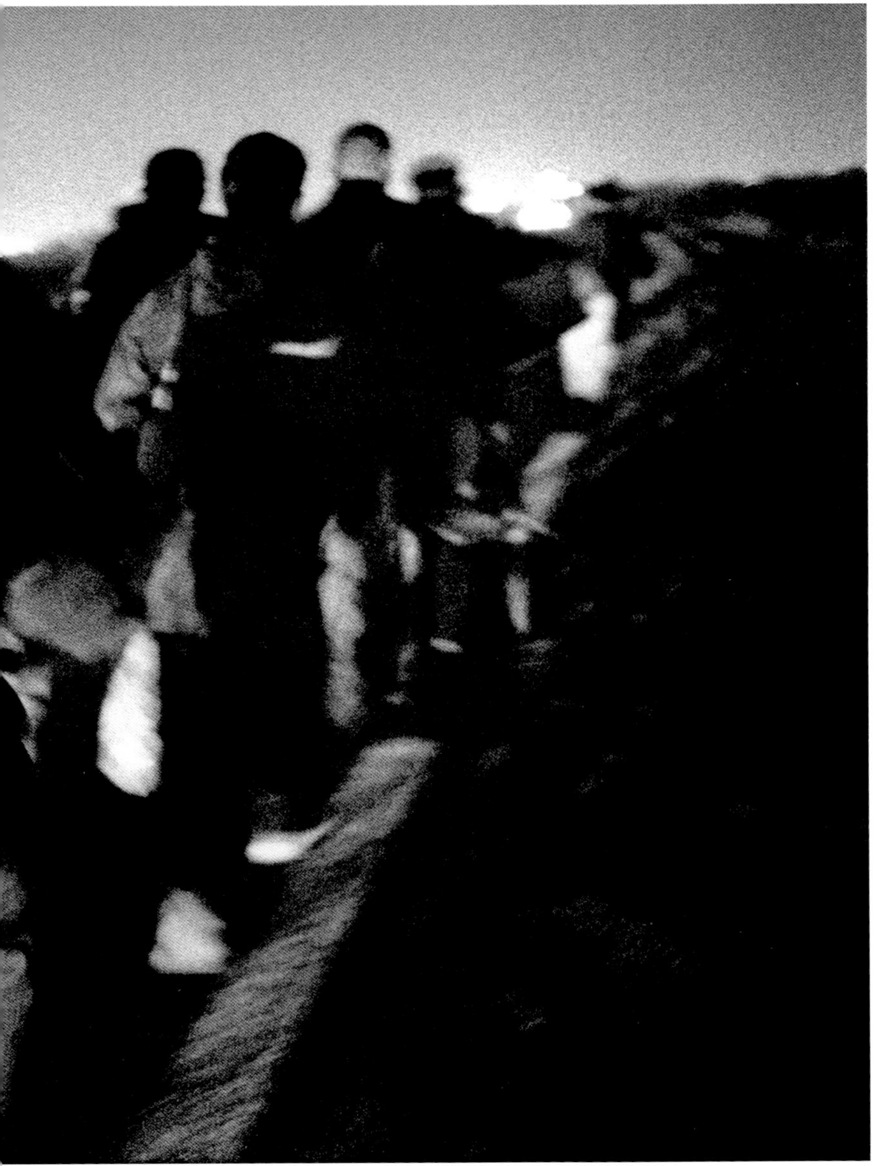

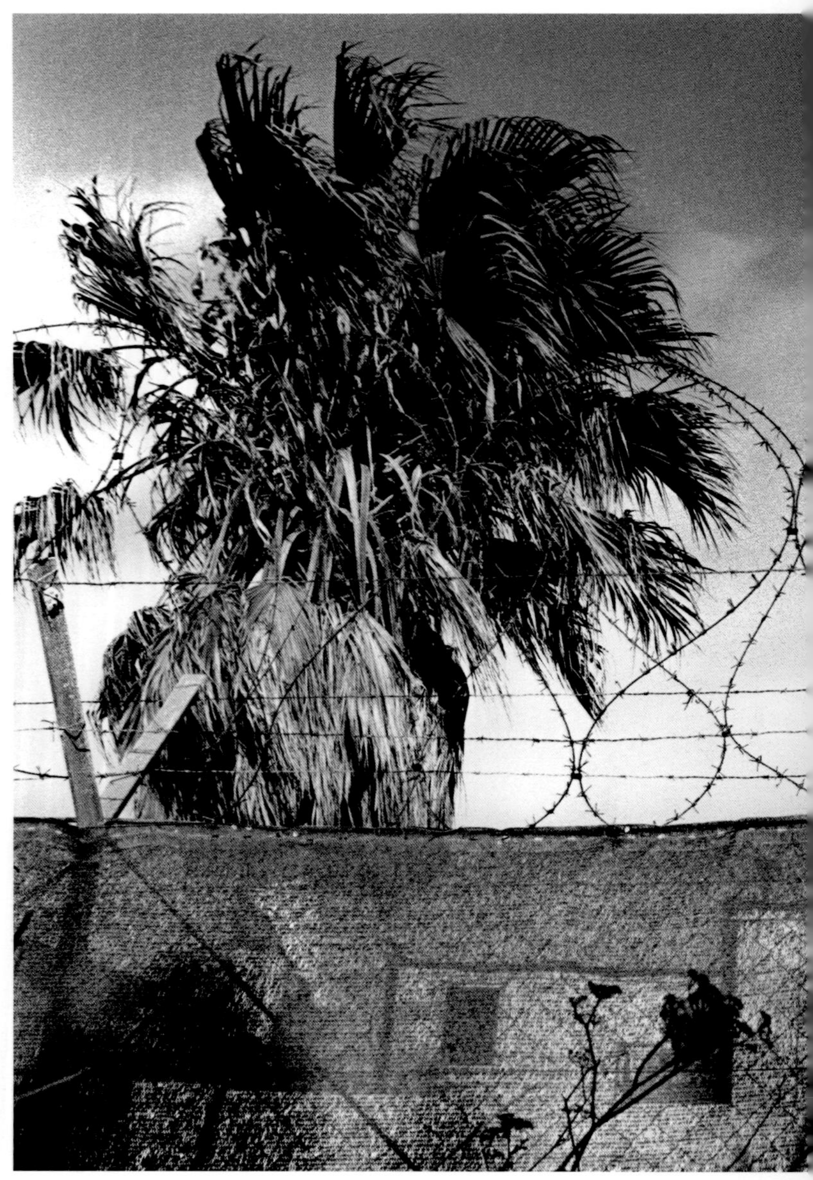

11. Extraños. Lampedusa, Italia, 2001

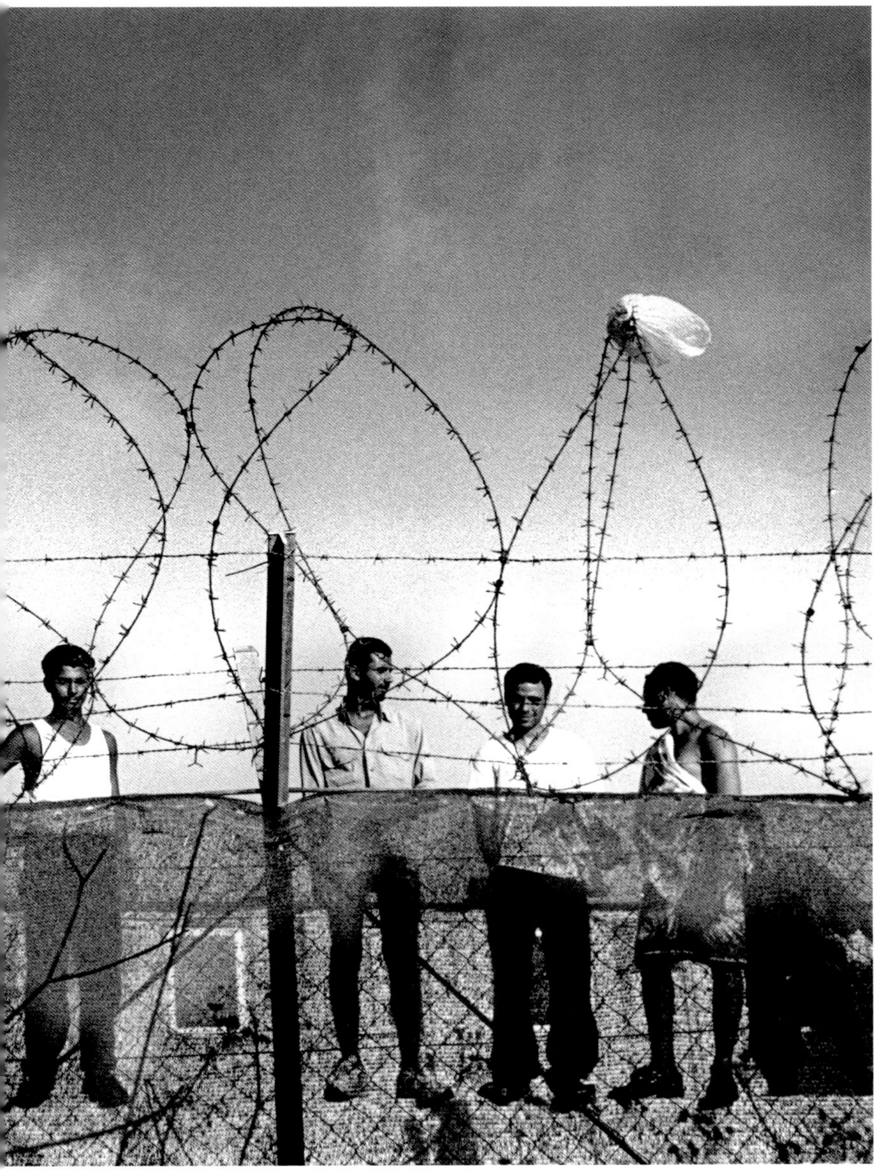

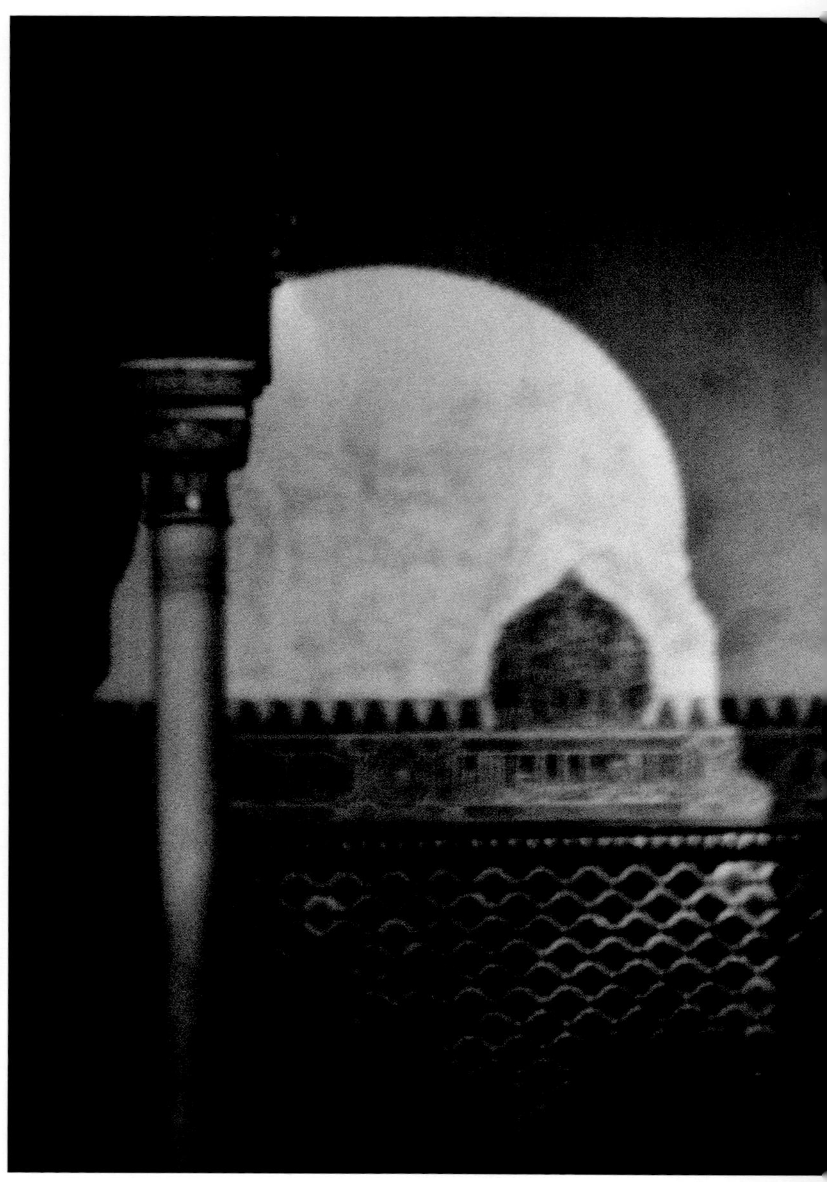

12. La Alhambra, Granada, 2007

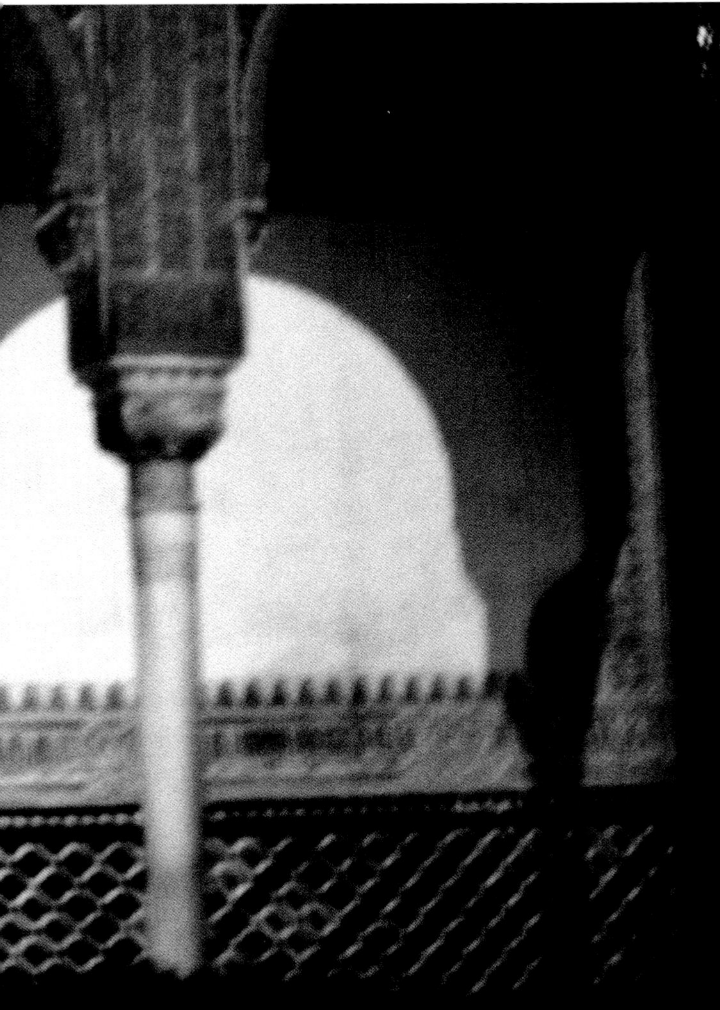

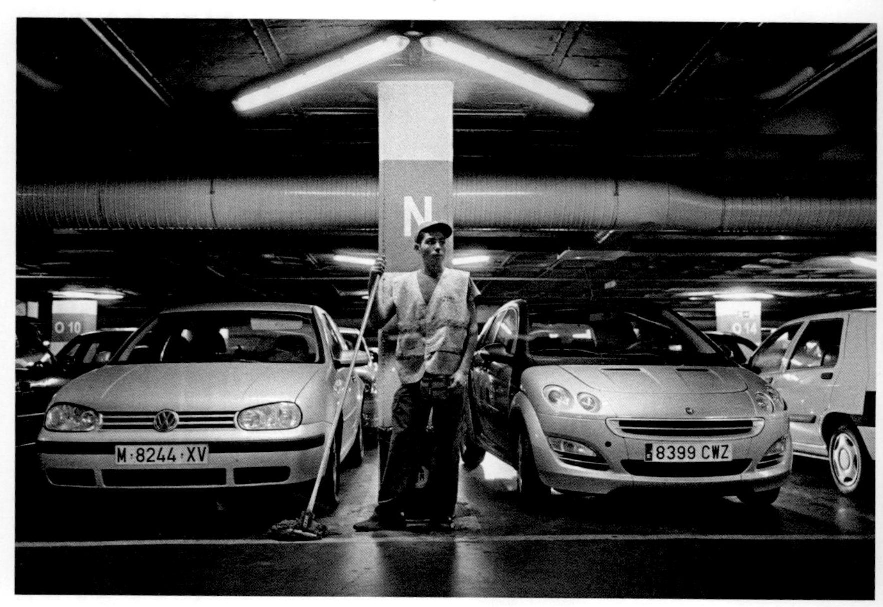

13. Limbo. Madrid, 2006

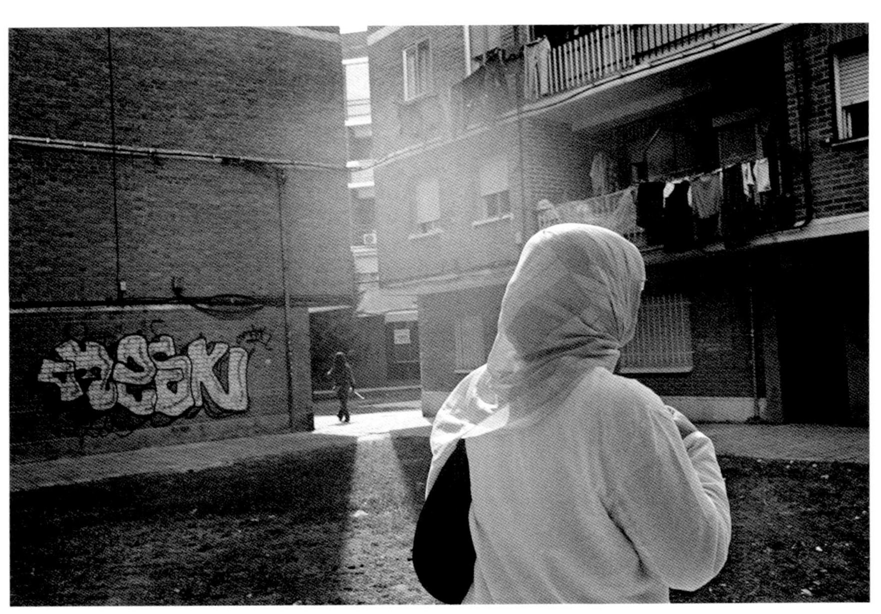

14. Limbo. Madrid, 2006

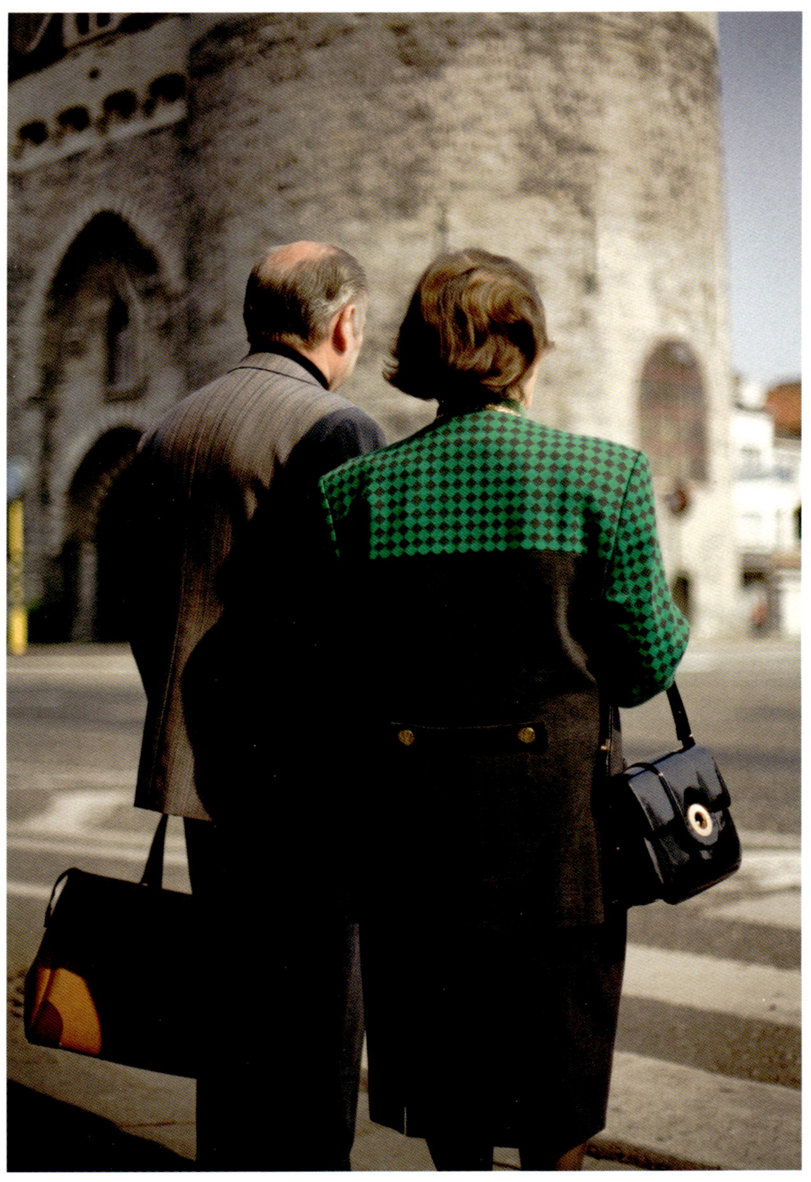

15. Cuaderno de campo. Malinas, Bélgica, 2008

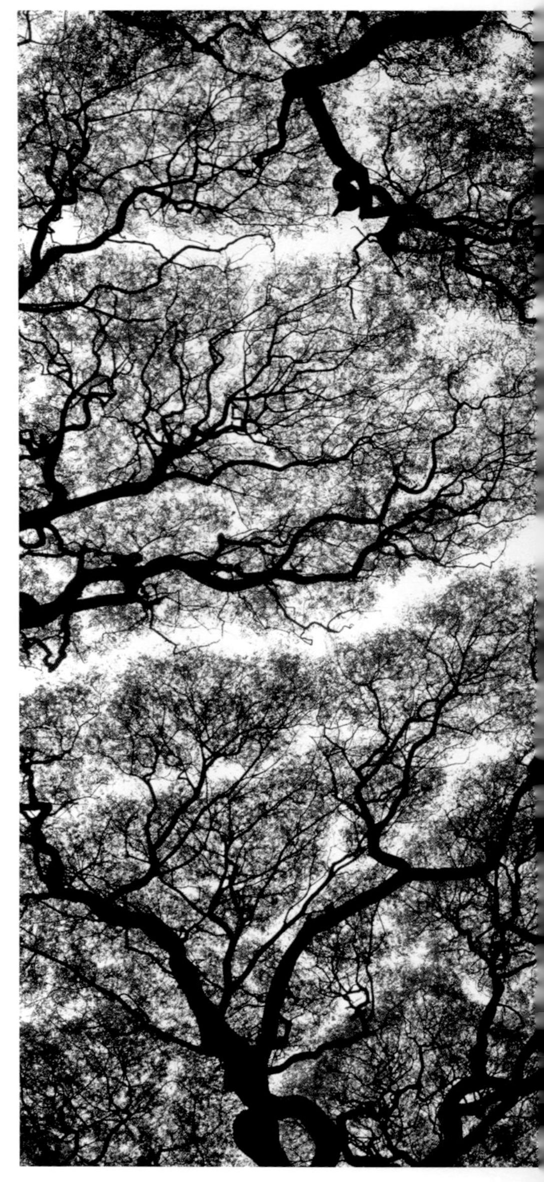

16. The Family Project. Buenos Aires, 2009

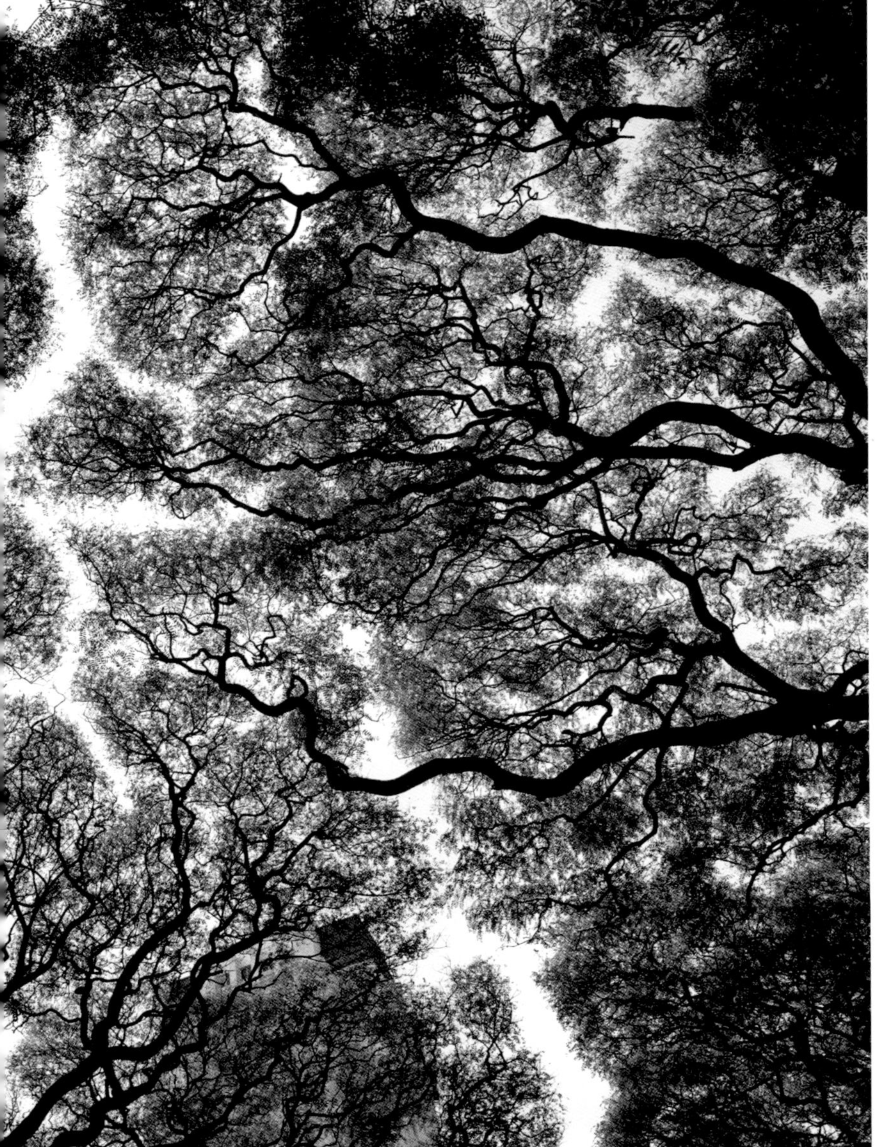

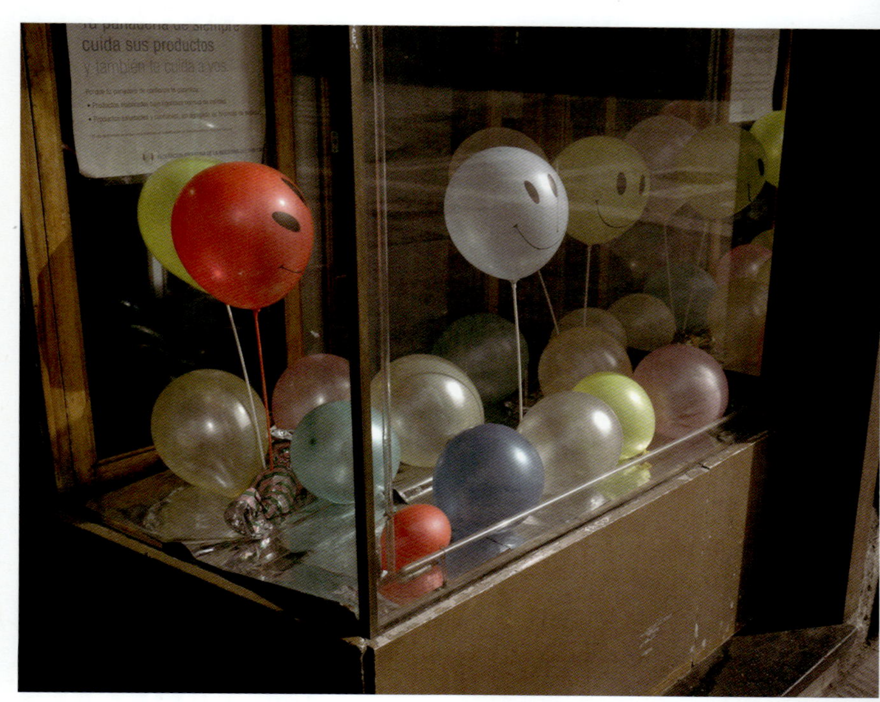

17. The Family Project. Buenos Aires, 2009

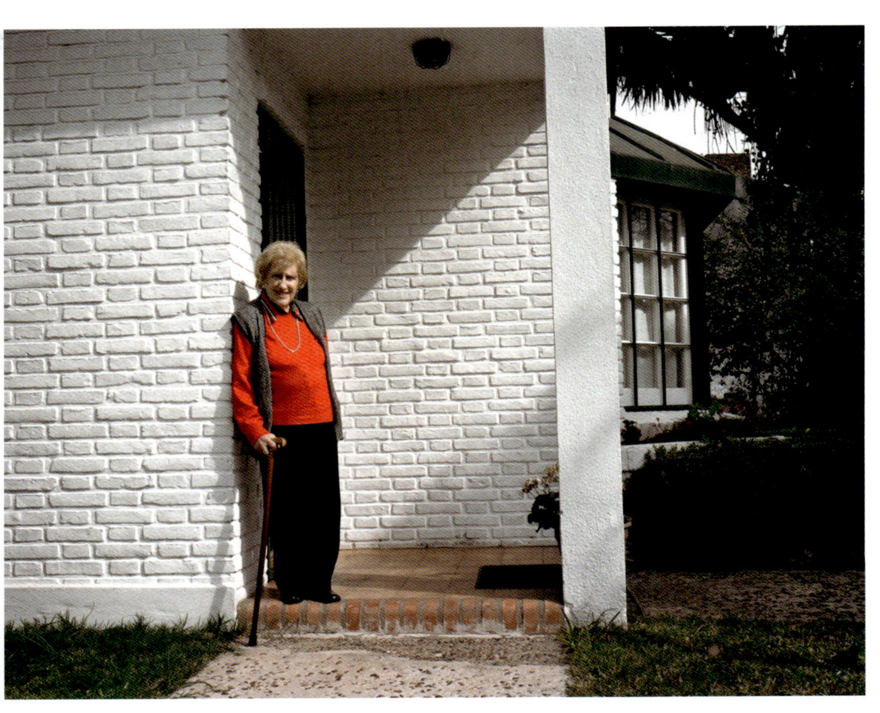

18. The Family Project. Buenos Aires, 2009

19. The Family Project. Buenos Aires, 2008

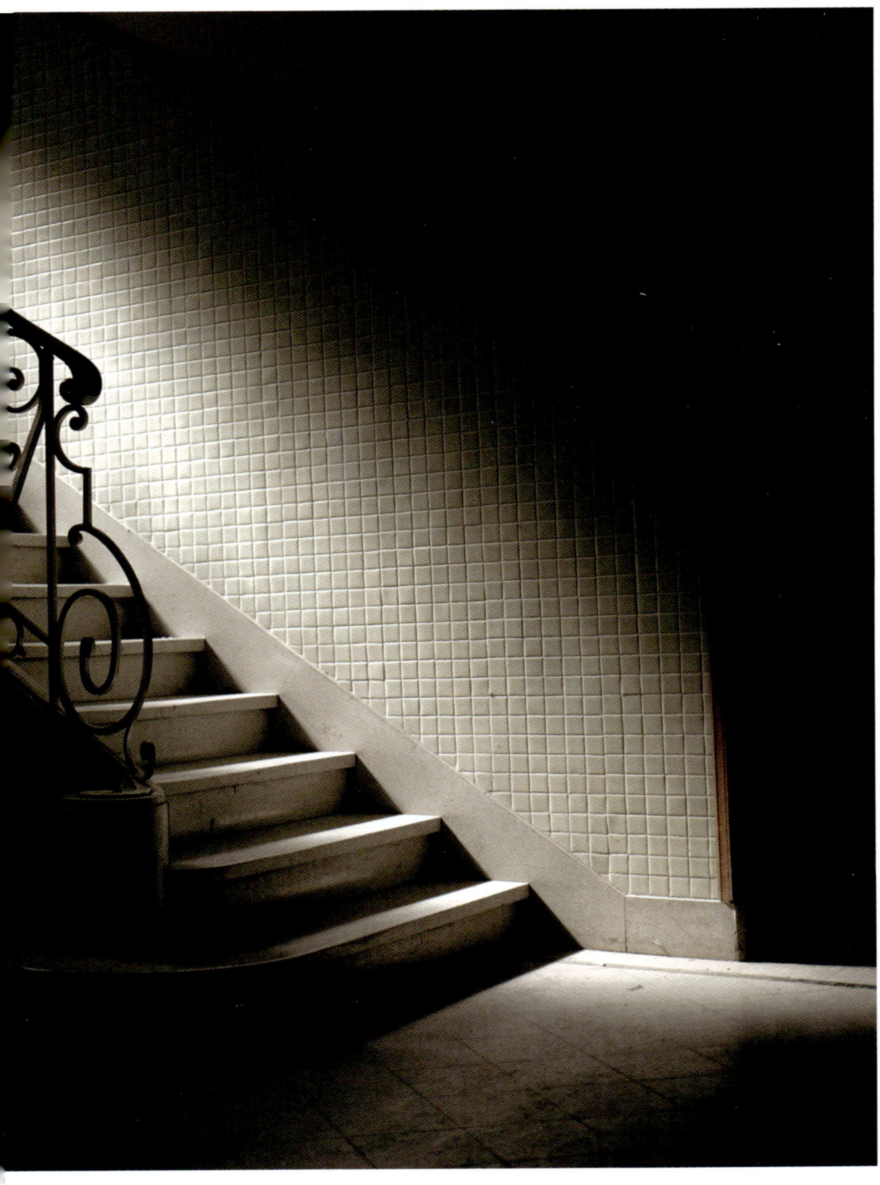

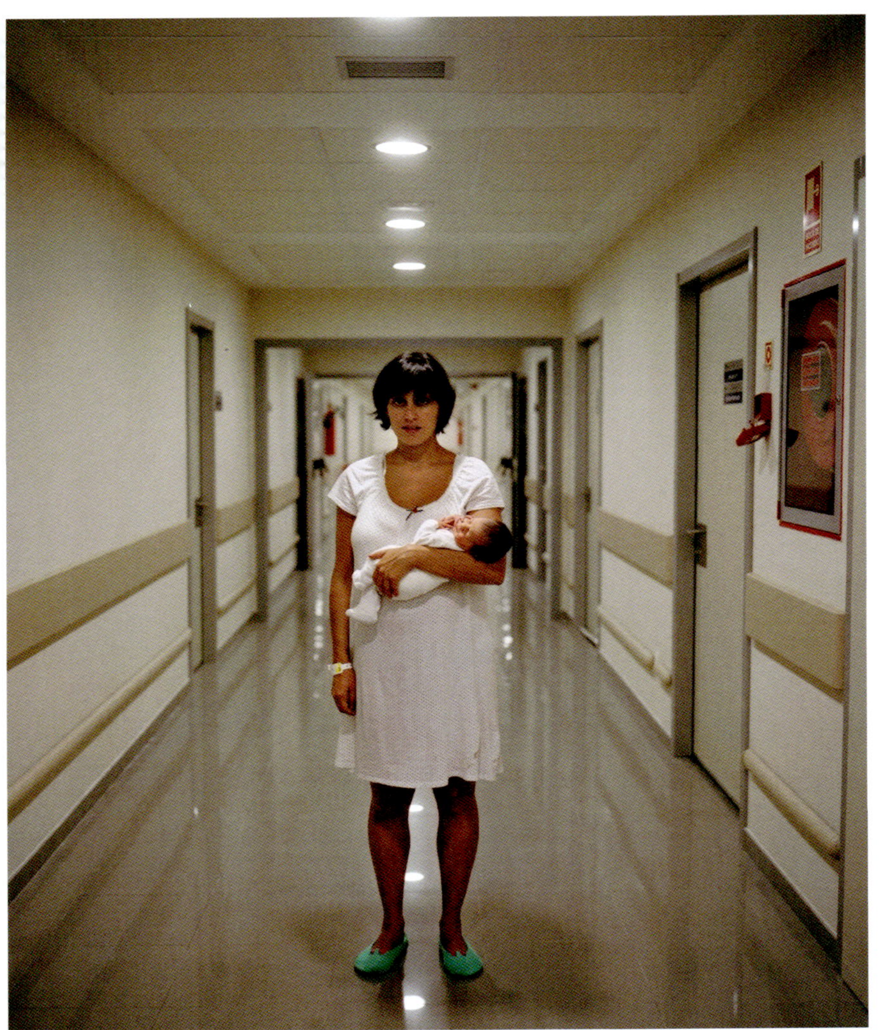

20. The Family Project. Madrid, 2008

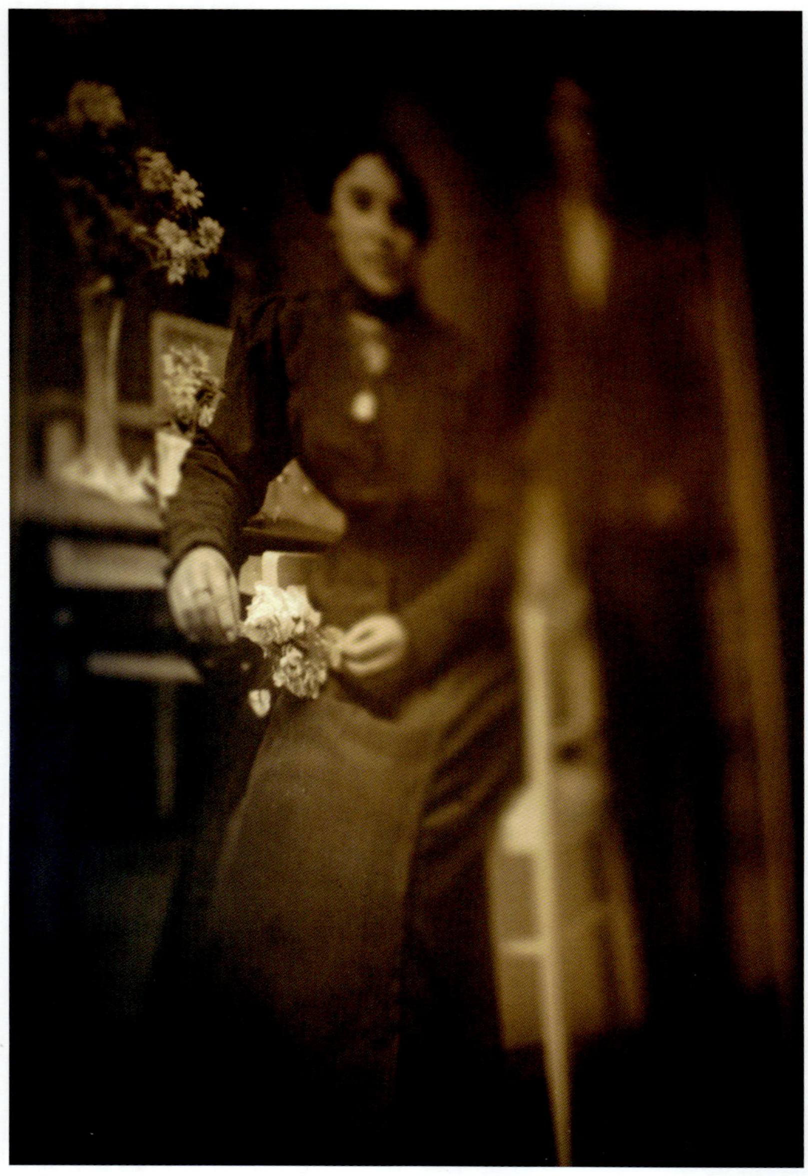

21. Cuaderno de campo. Benasque, 2007

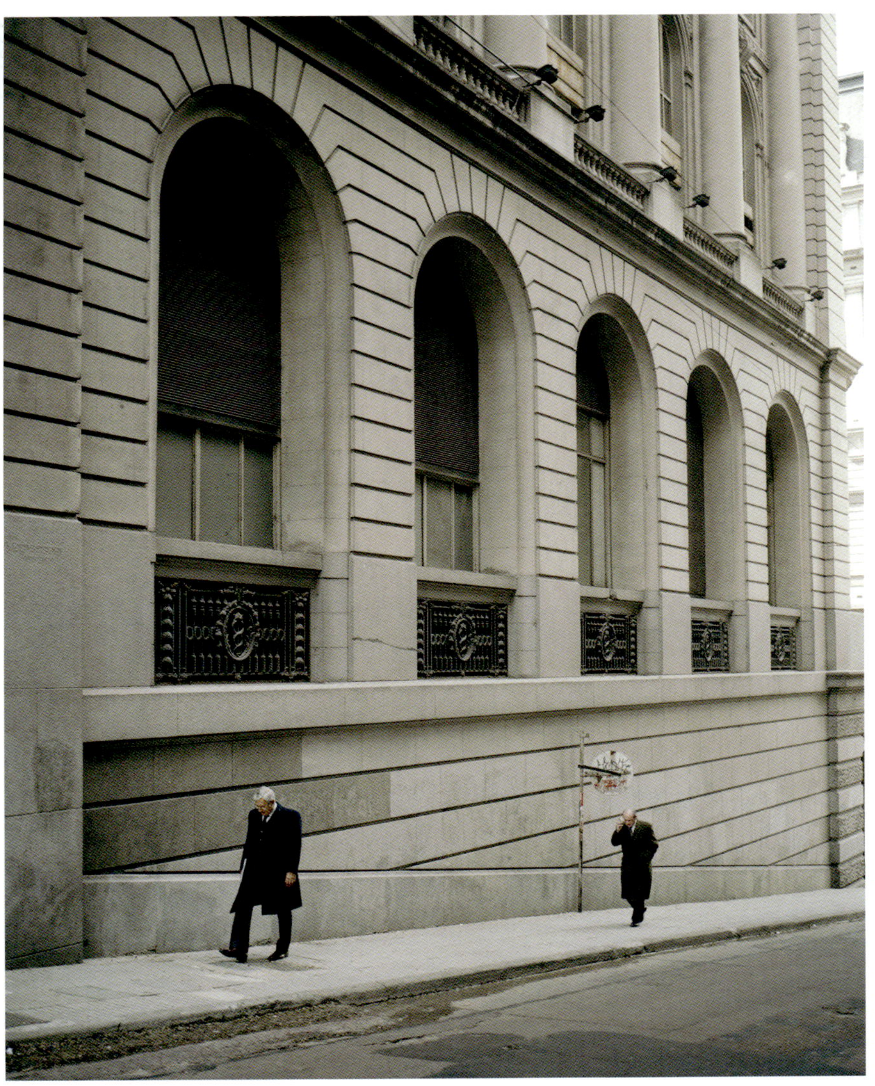

22. The Family Project. Buenos Aires, 2009

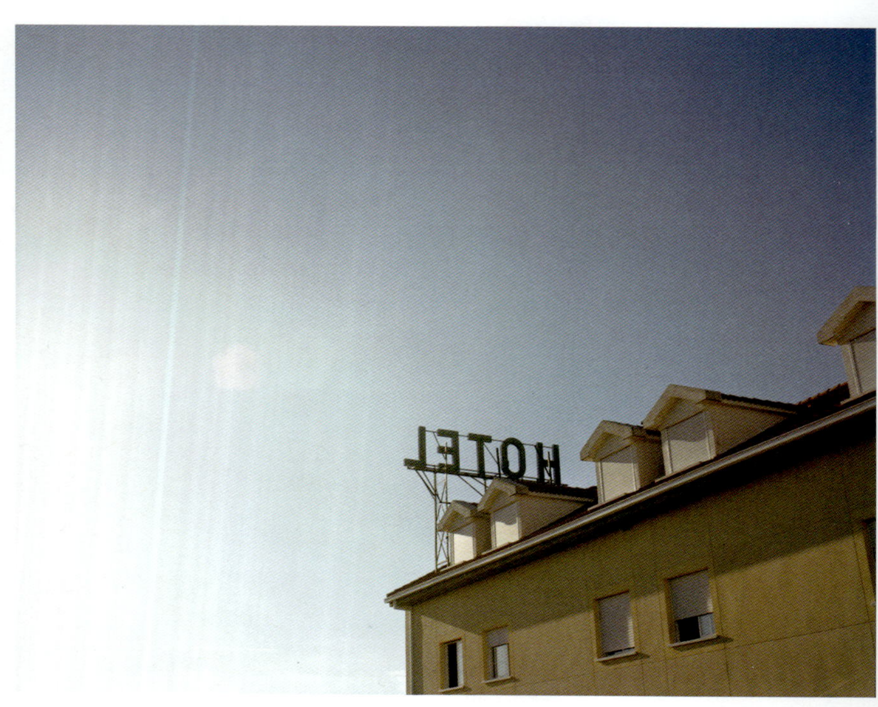

23. Cuaderno de campo. Tudela, 2010

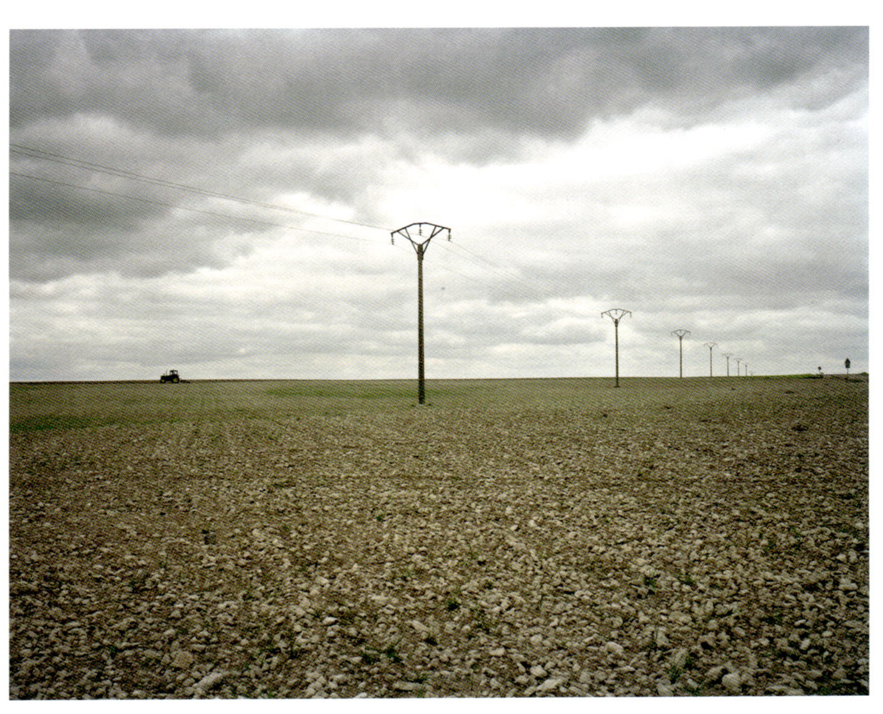

24. Cuaderno de campo. Monte Alto, 2010

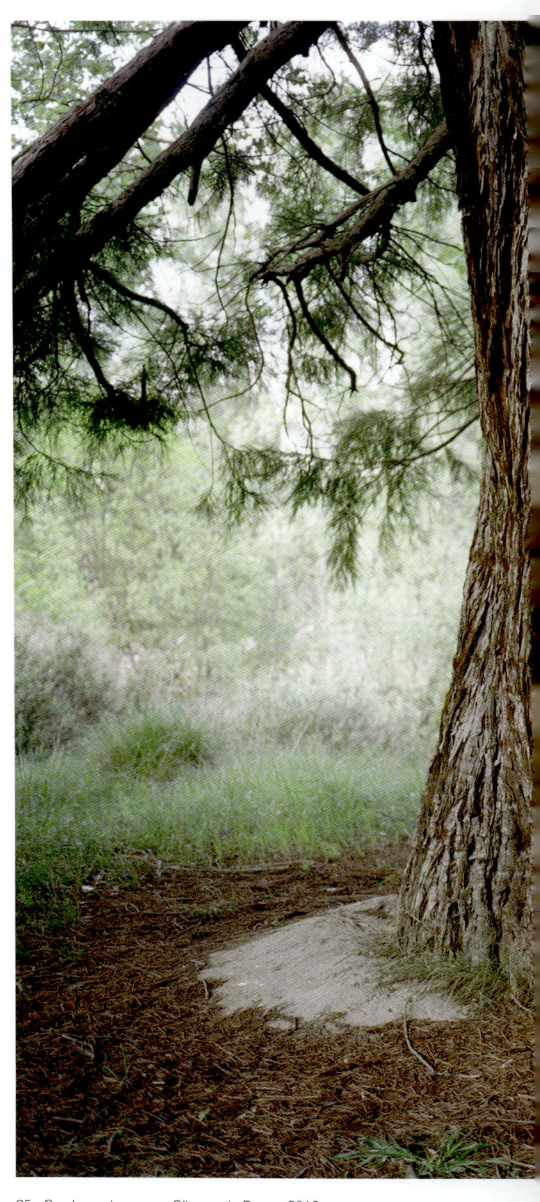

25. Cuaderno de campo. Olivares de Duero, 2010

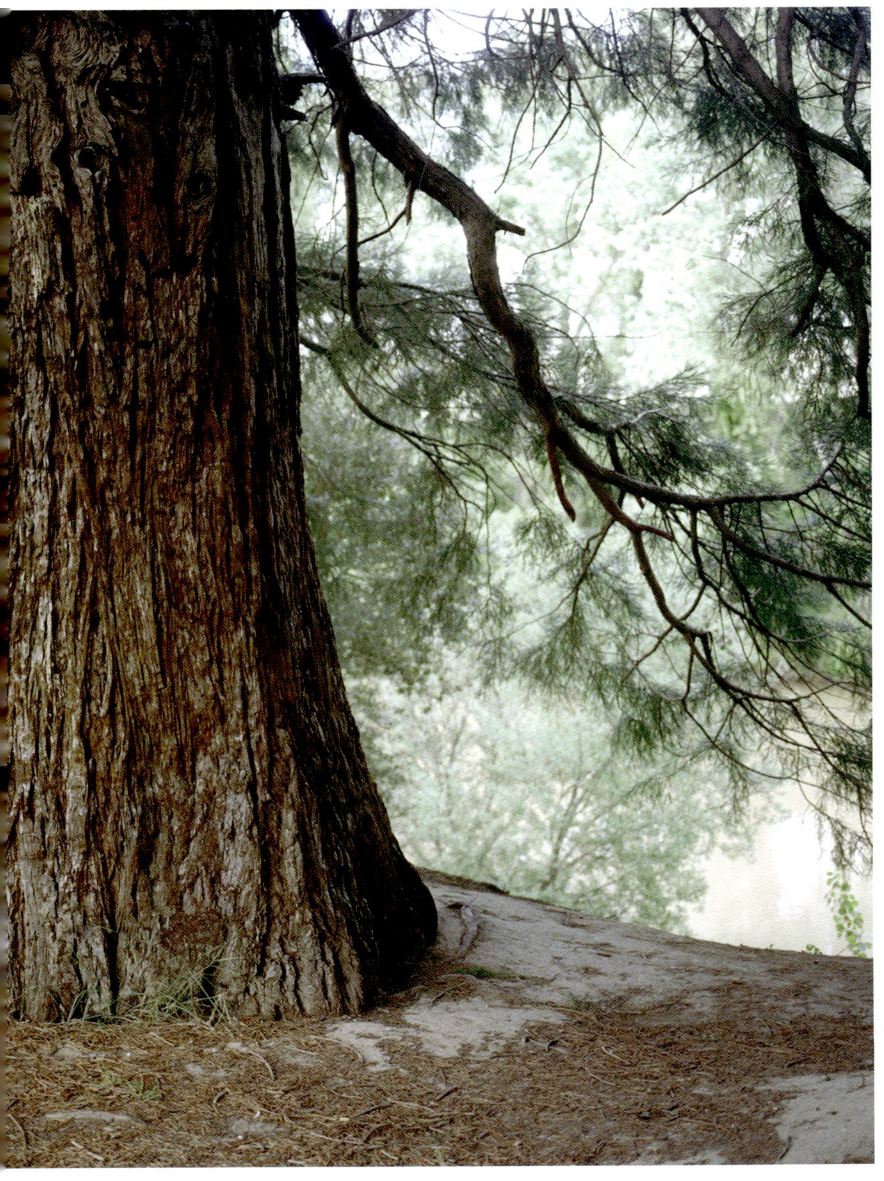

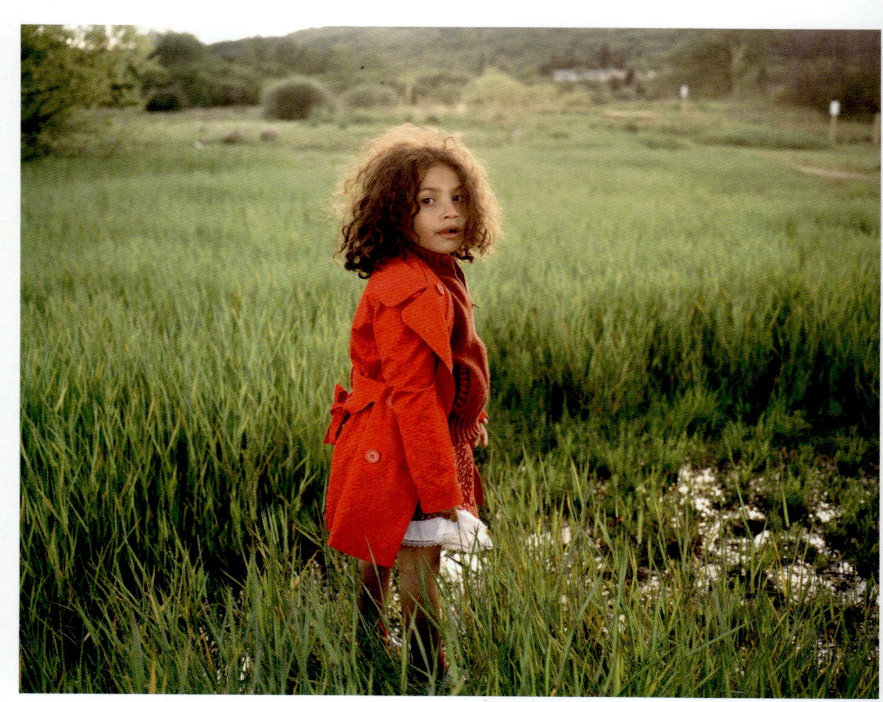

26. Cuaderno de campo. Navacerrada, 2008

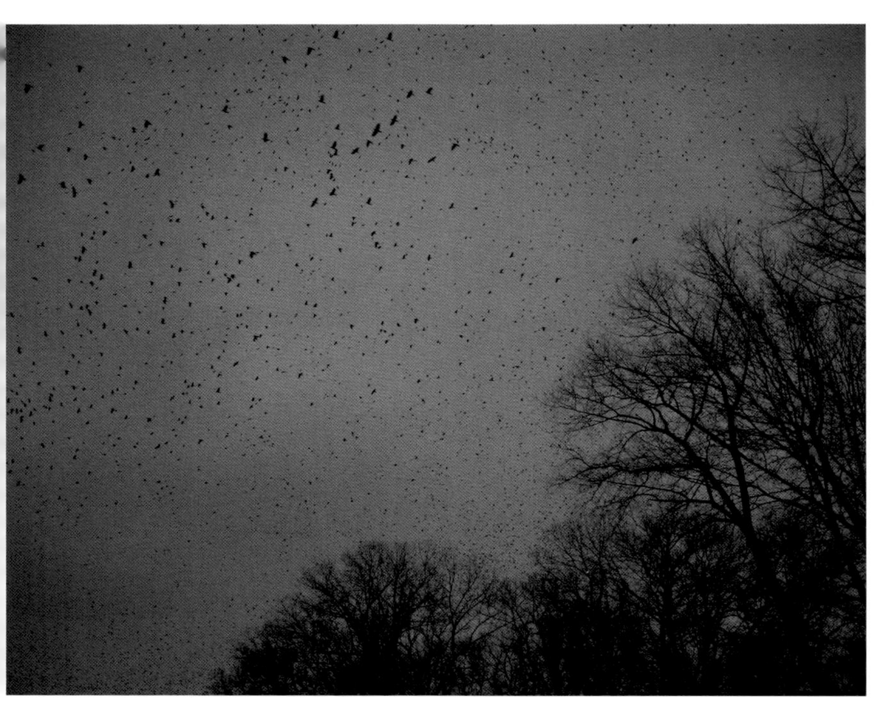

27. The Family Project. Minsk, 2010

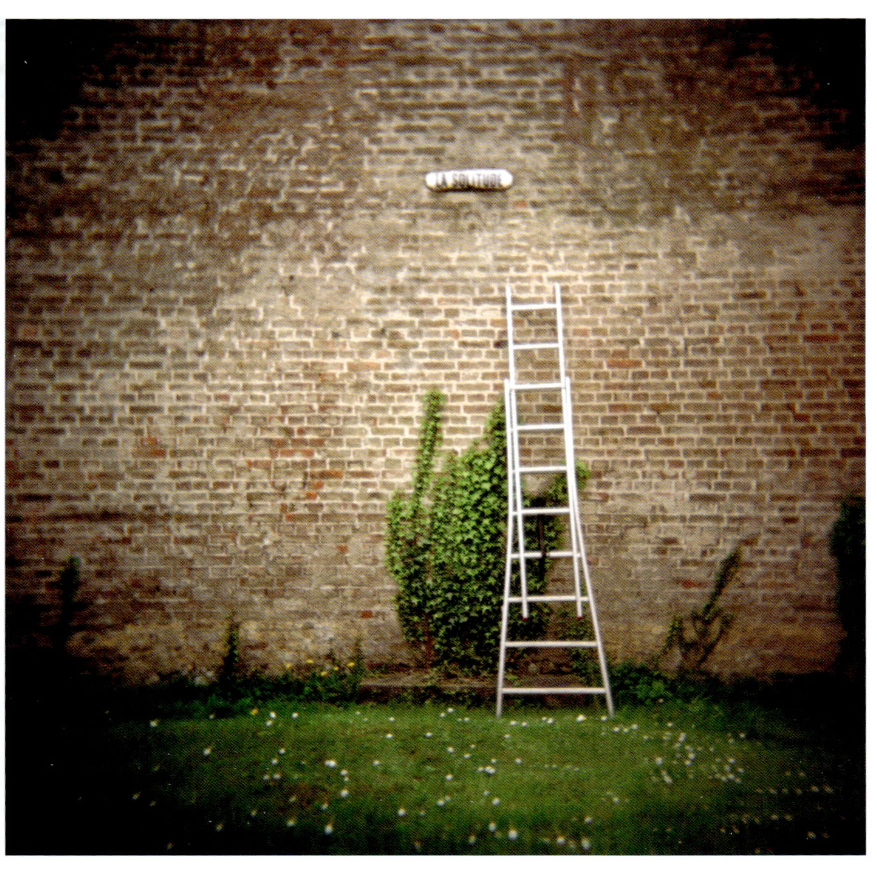

28. Fragmentos de un decorado. Casa de Julio Verne en Le Crotoy, Francia, 2005

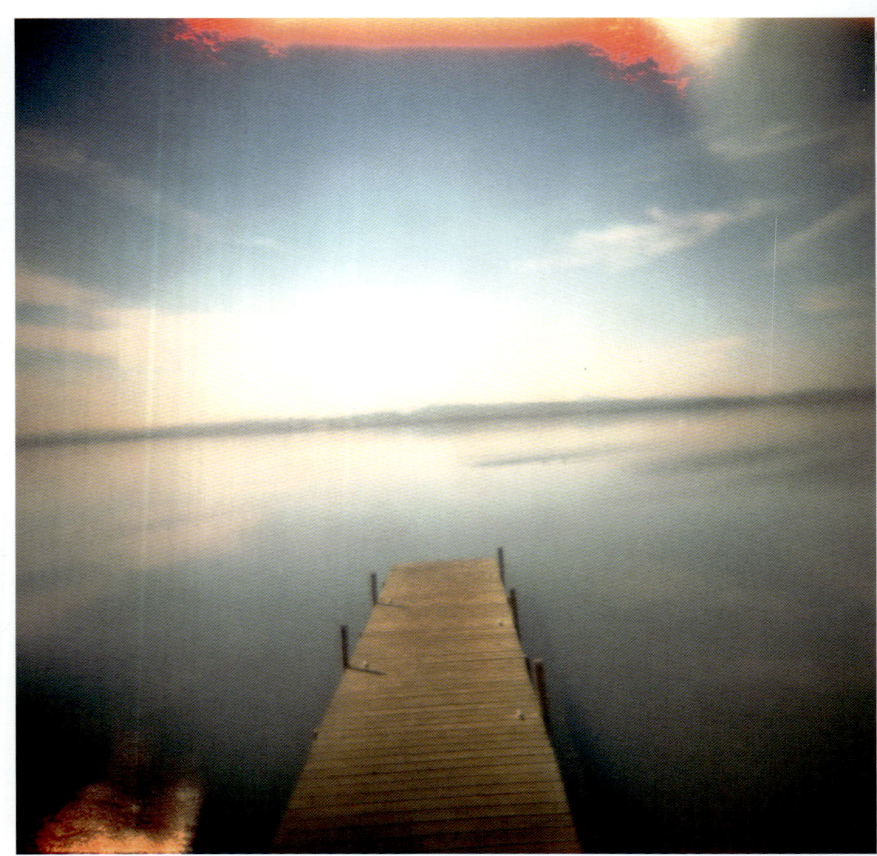

29. Fragmentos de un decorado. La Albufera, Valencia, 2008

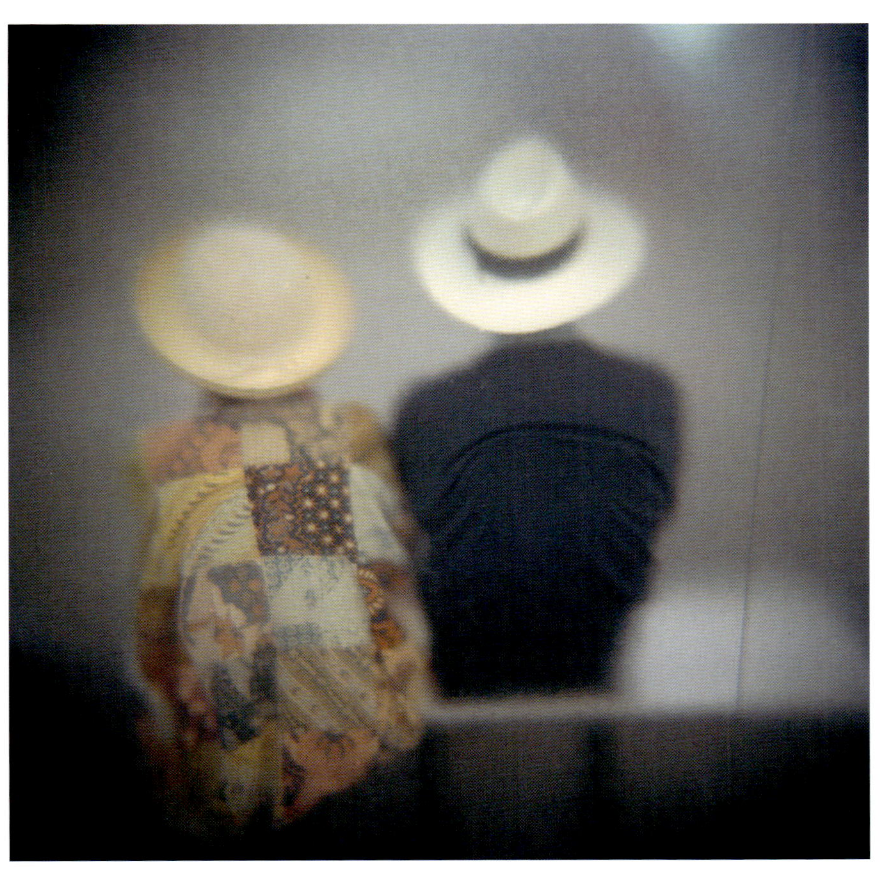

30. Fragmentos de un decorado. Saint-Malo, Francia, 2008

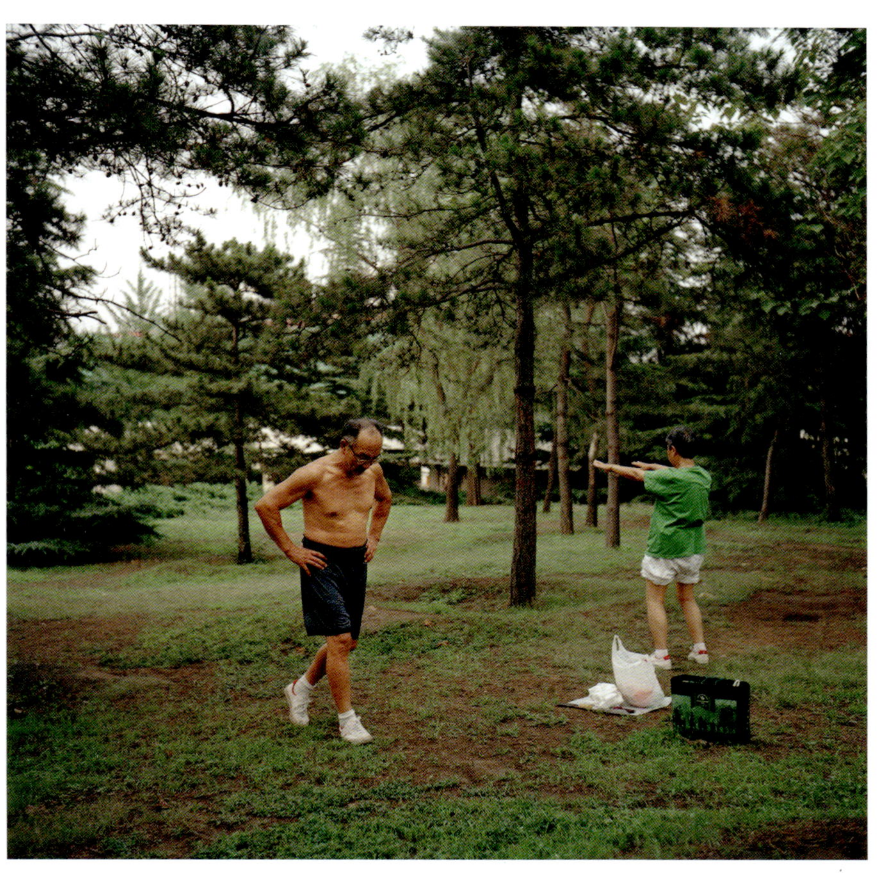

31. Cuando todos seamos ricos. Pekín, 2006

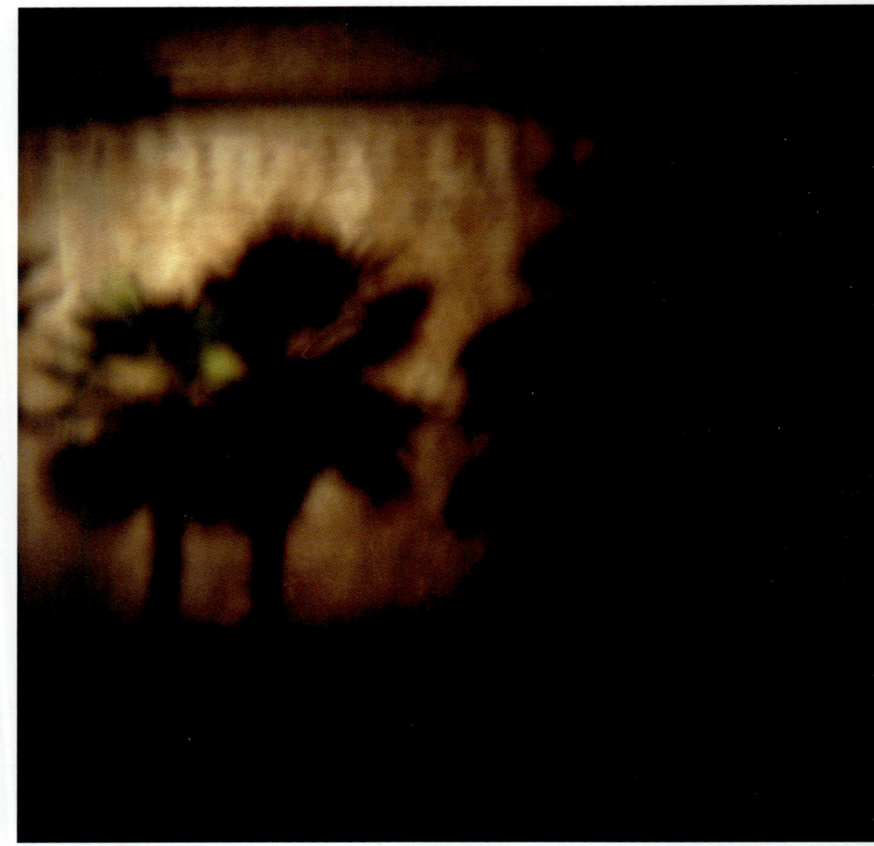

32. Fragmentos de un decorado. Saint-Malo, Francia, 2008

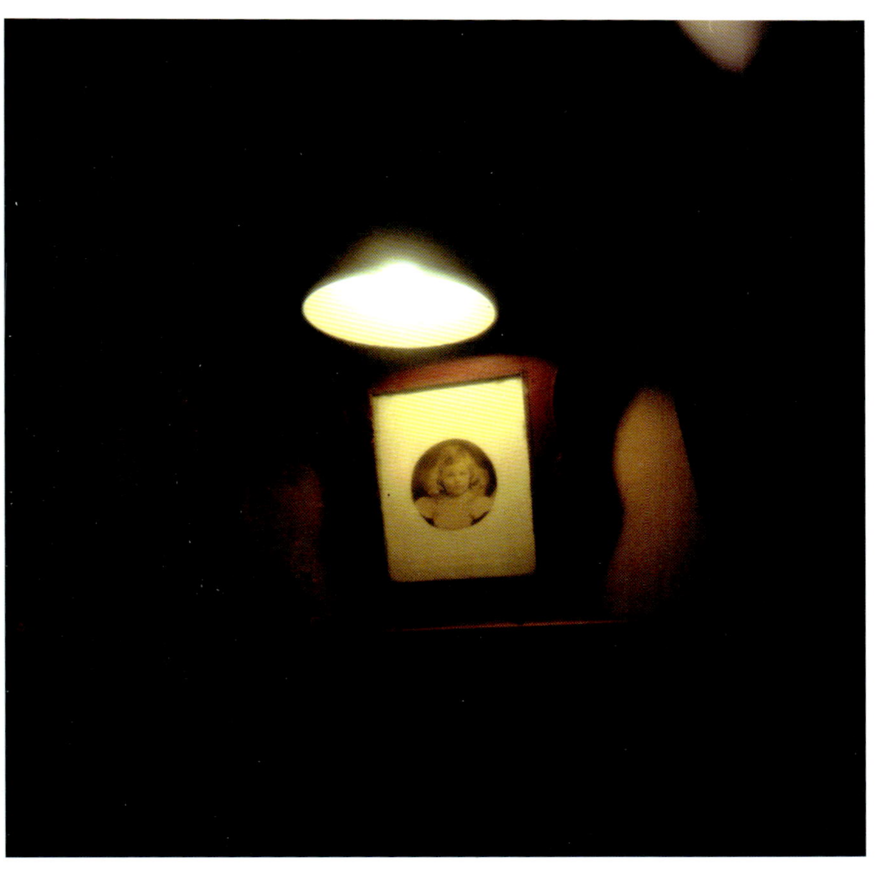

33. Fragmentos de un decorado. Saint-Malo, Francia, 2008

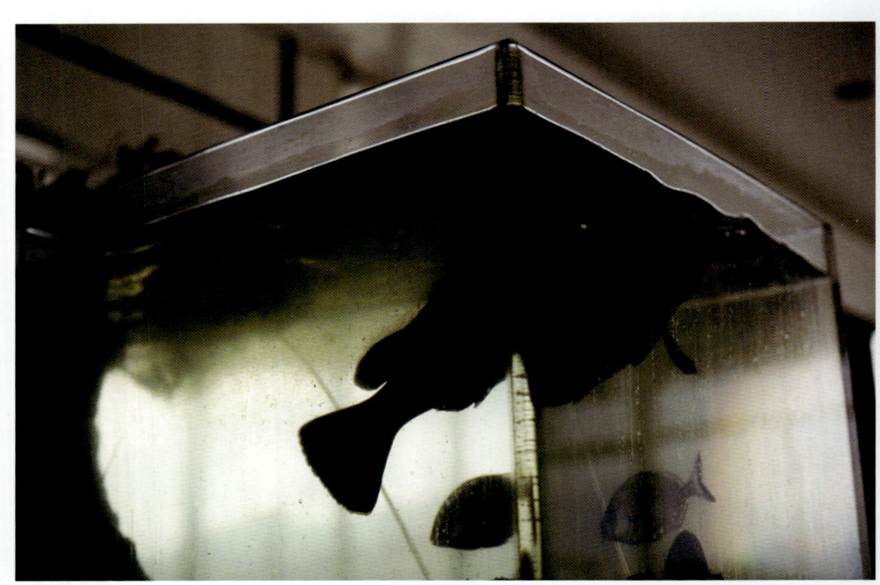

34. Cuaderno de campo. Cartagena, 2010

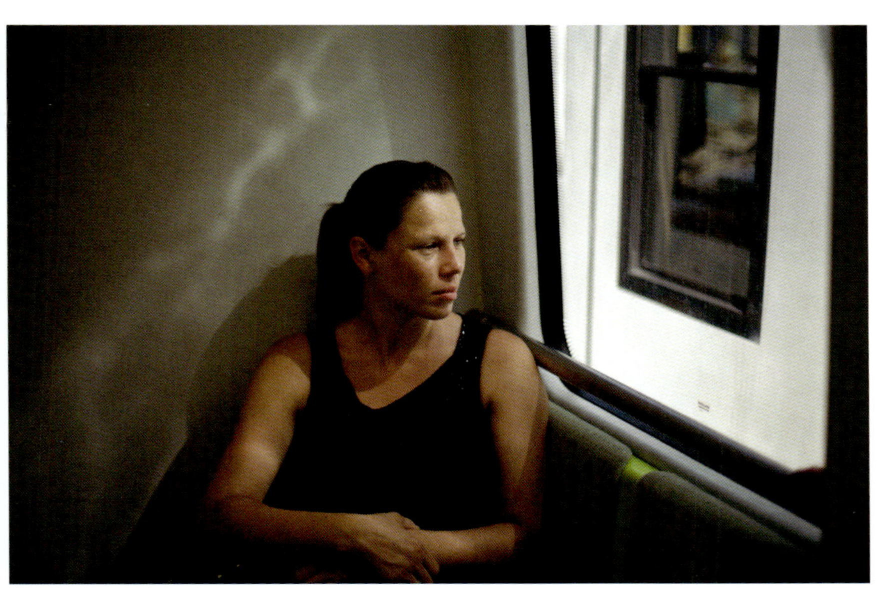

35. Cuaderno de campo. Valencia, 2010

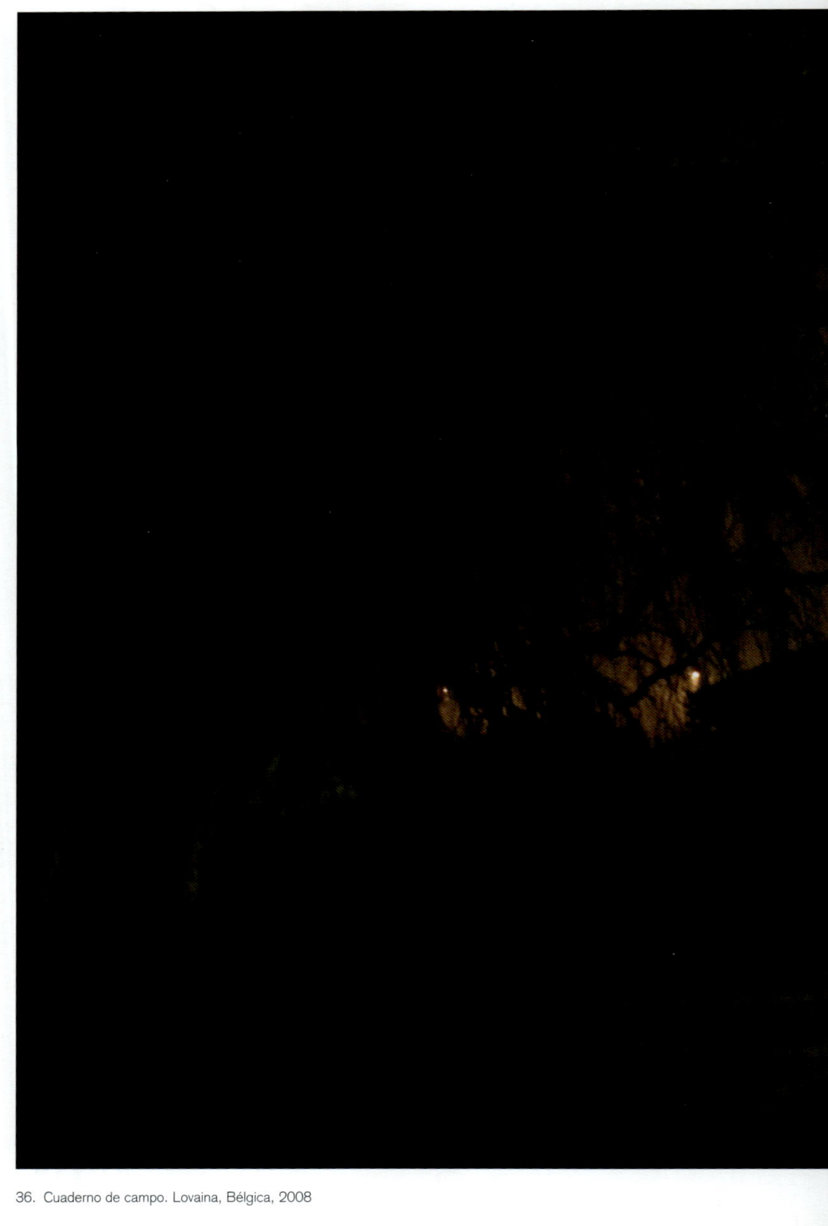

36. Cuaderno de campo. Lovaina, Bélgica, 2008

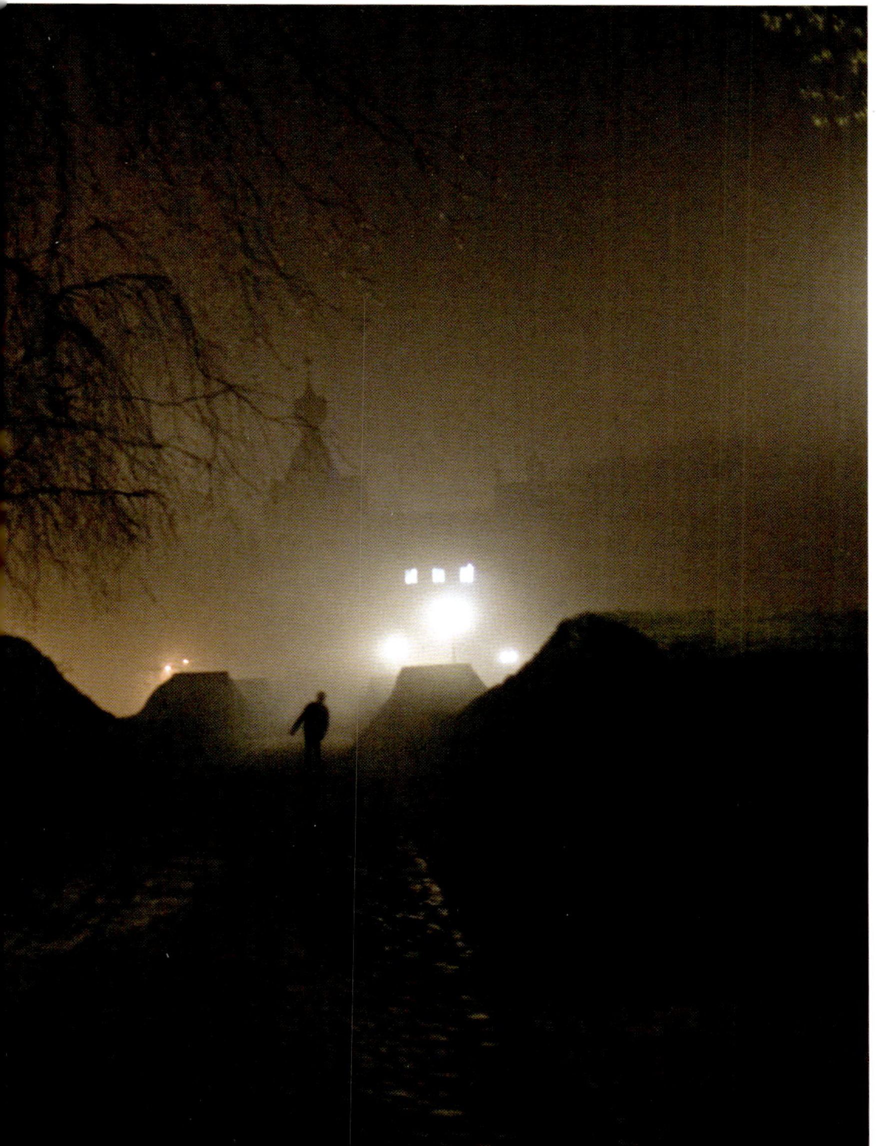

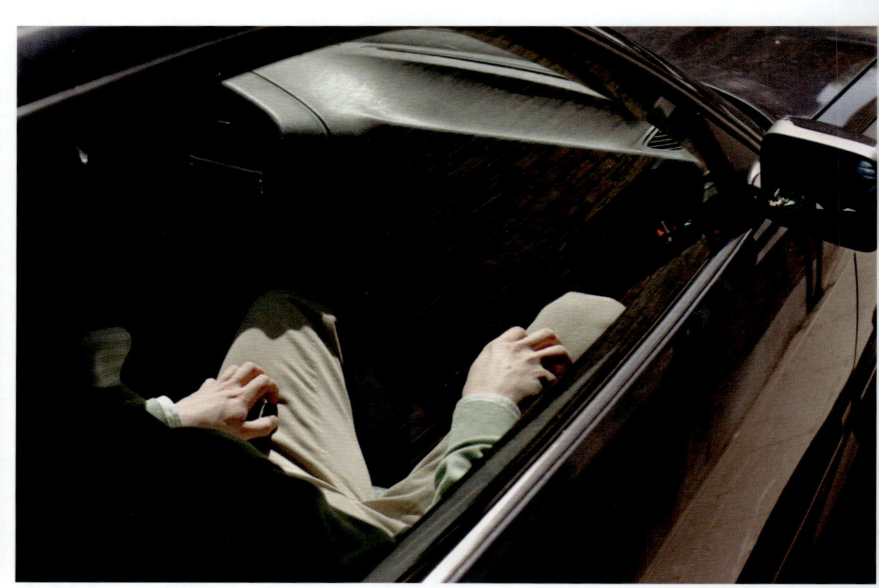

37. Cuaderno de campo. Lovaina, Bélgica, 2008

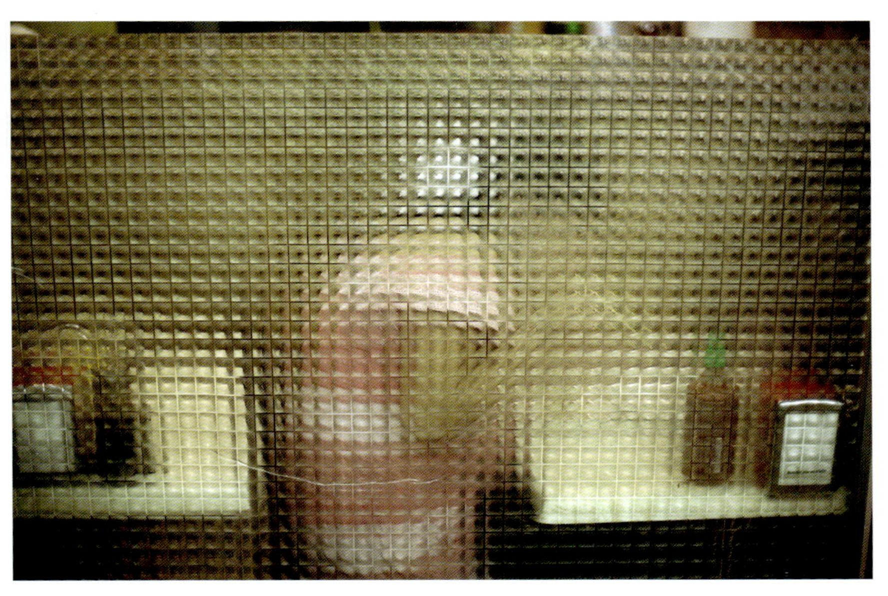

38. Cuaderno de campo. Madrid, 2009

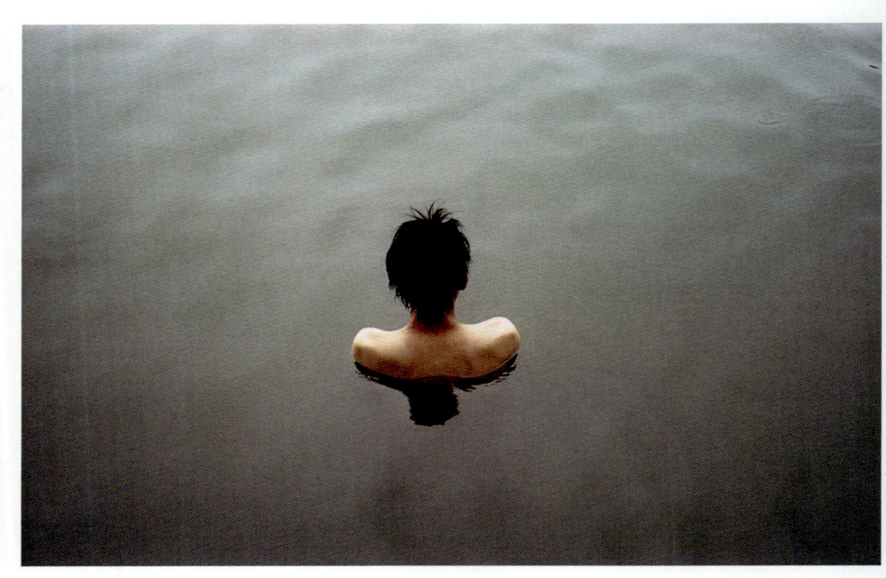

39. Cuando todos seamos ricos. Pekín, 2006

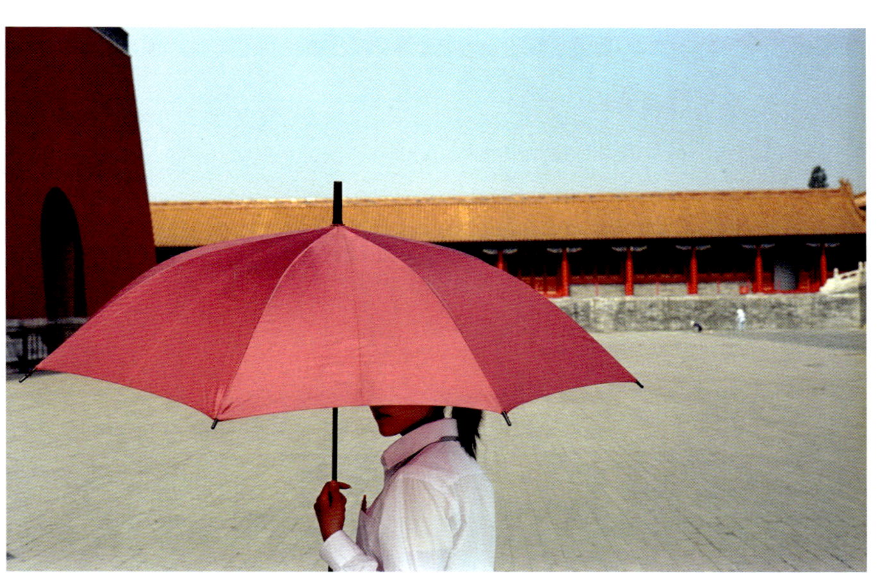

40. Cuando todos seamos ricos. Pekin, 2006

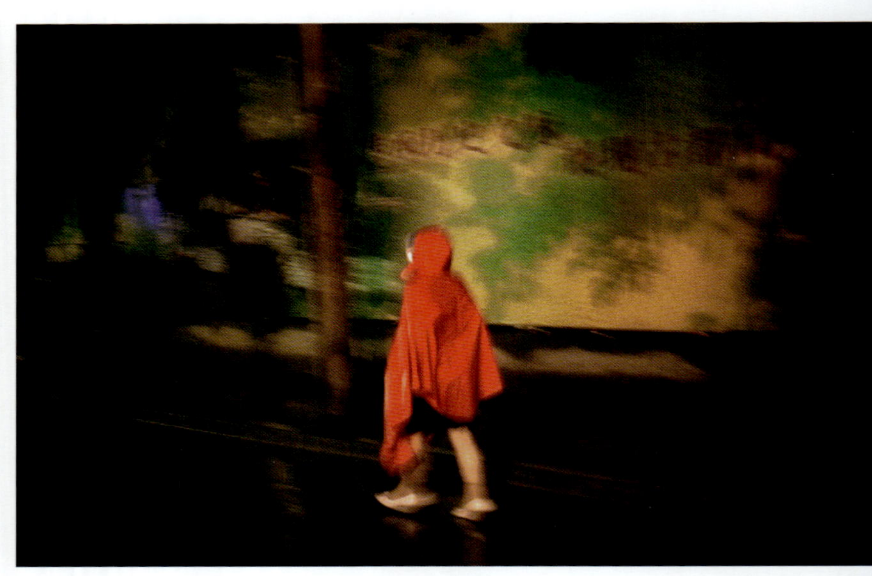

41. Cuando todos seamos ricos. Pekín, 2006

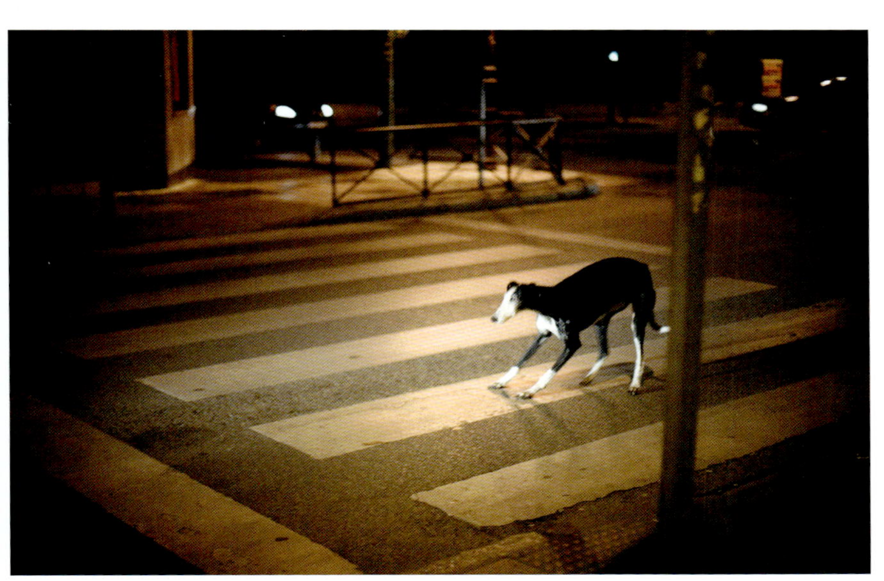

42. Mientras dormías. Madrid, 2007

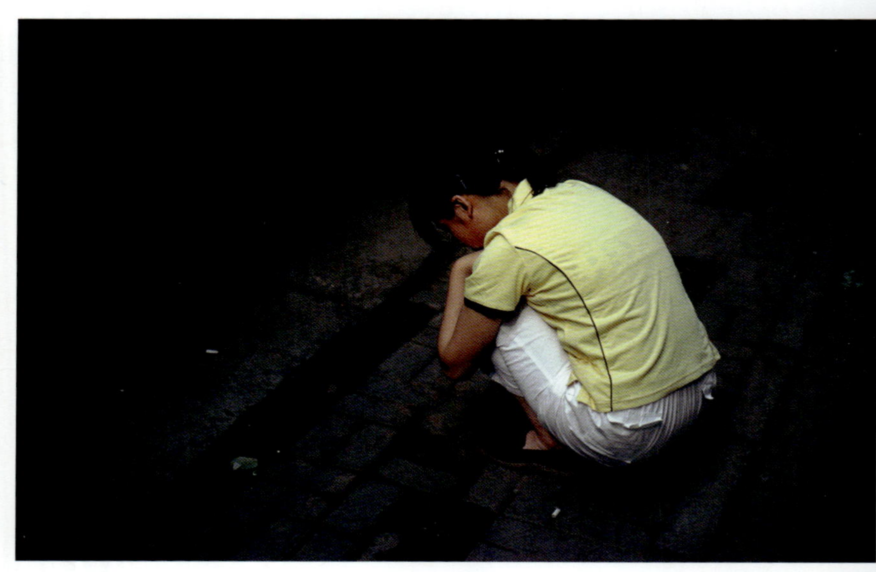

43. Cuando todos seamos ricos. Pekín, 2006

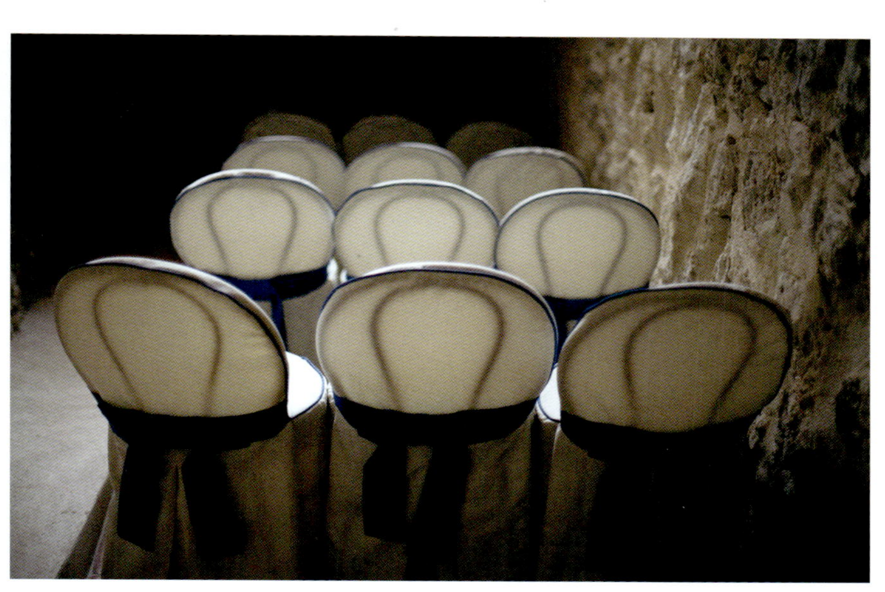

44. Cuaderno de campo. Curiel de Duero, 2009

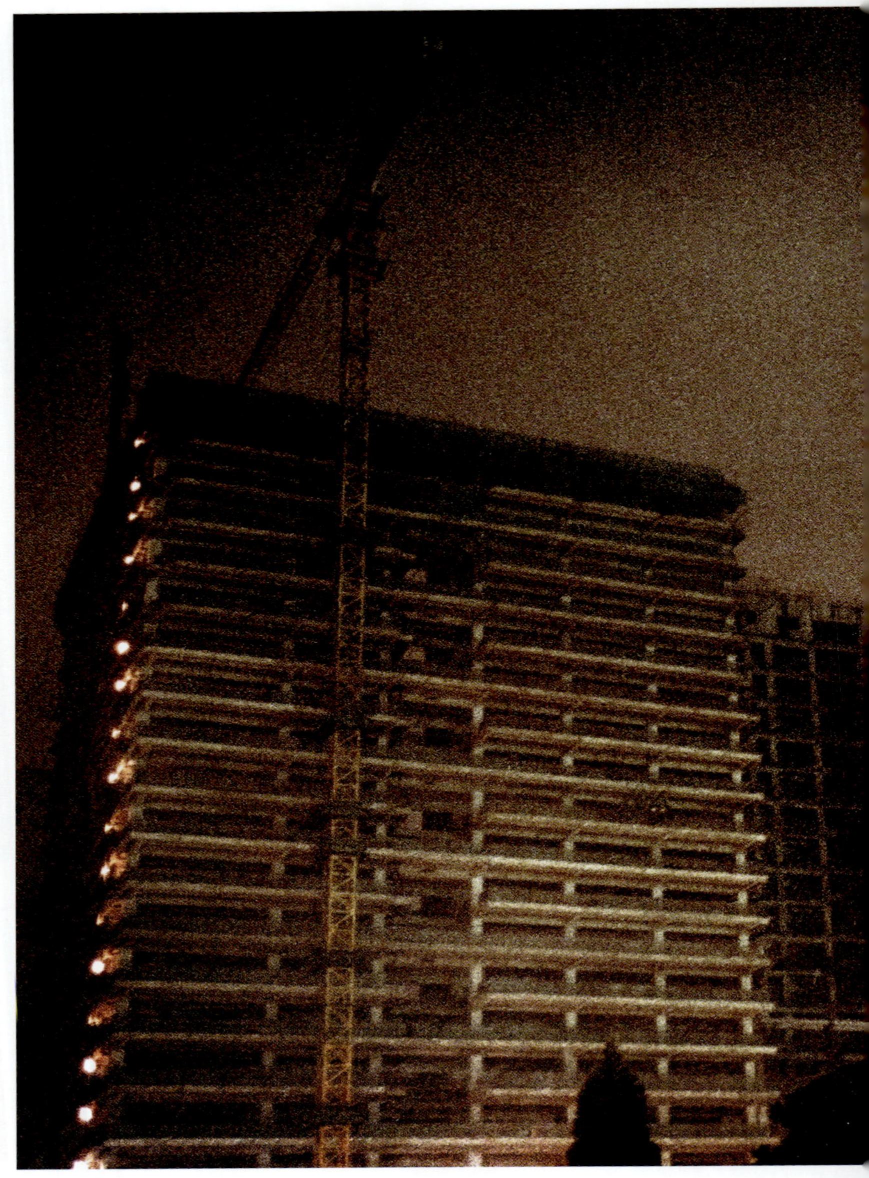

45. Cuando todos seamos ricos. Pekín, 2006

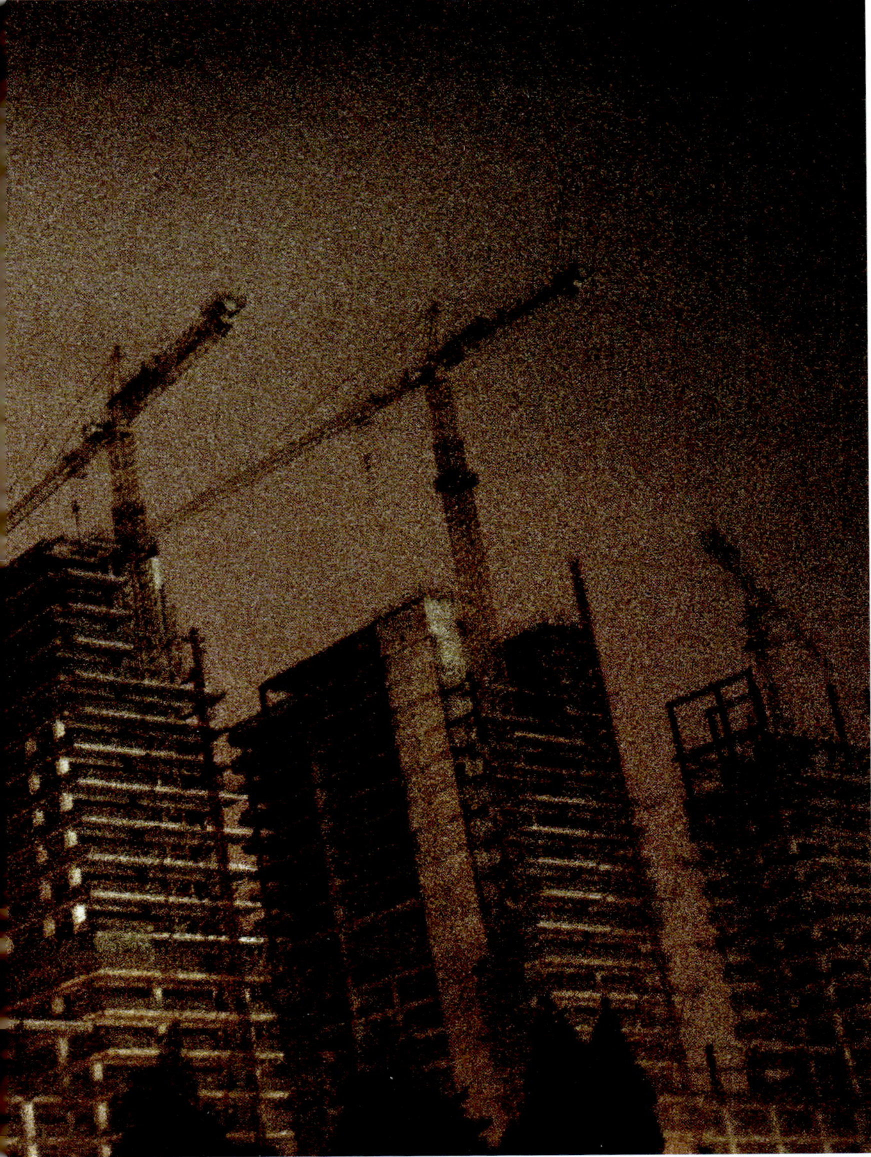

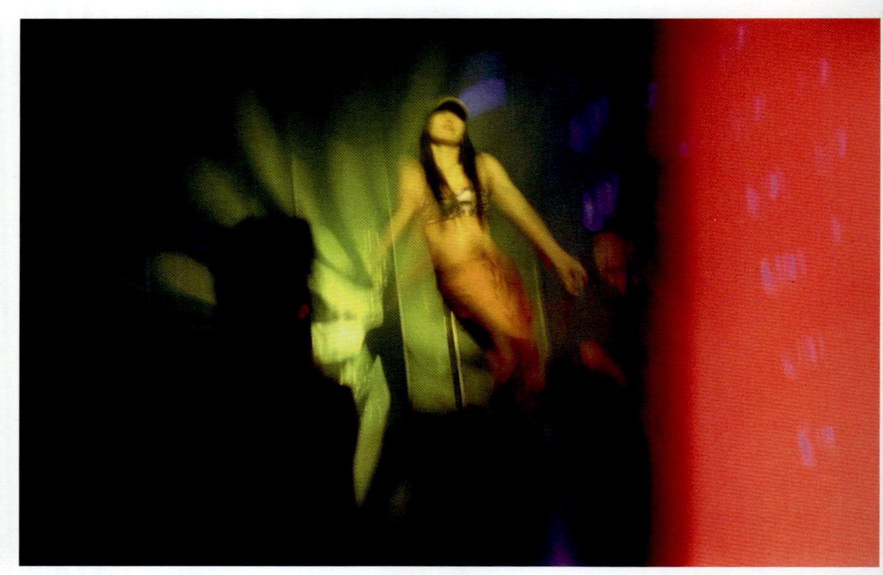

46. Cuando todos seamos ricos. Pekín, 2006

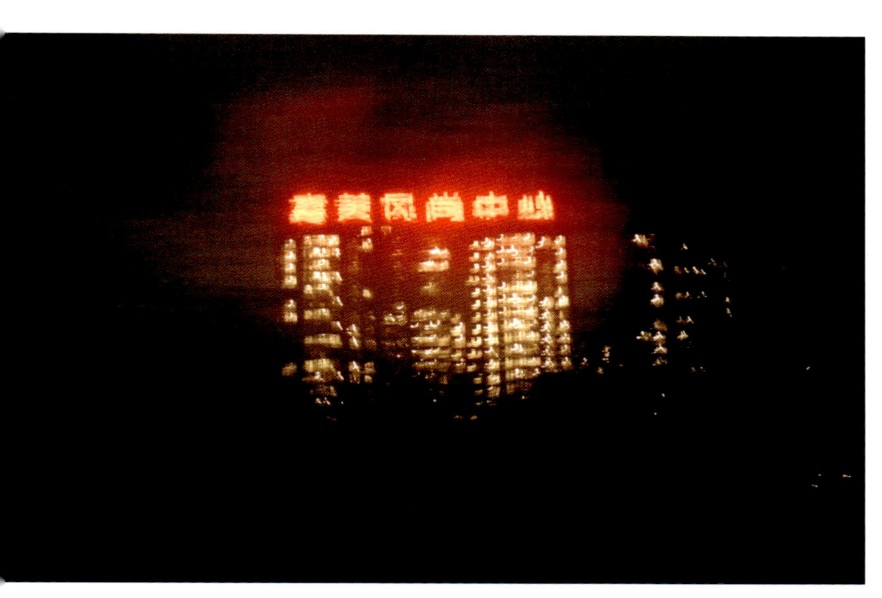

47. Cuando todos seamos ricos. Pekín, 2006

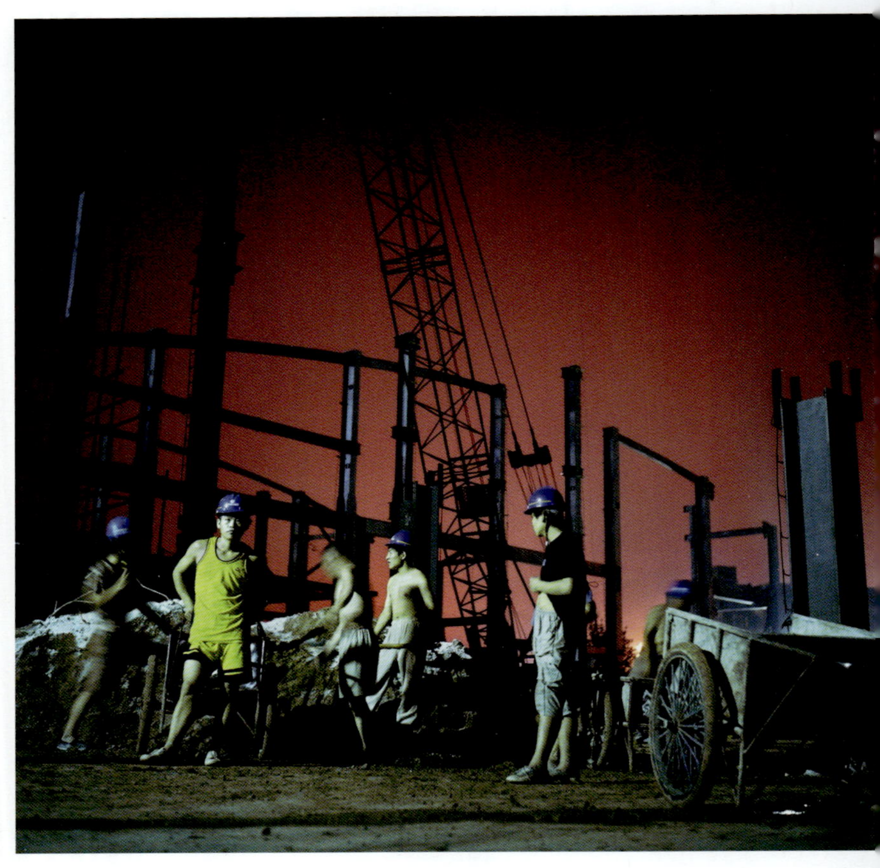

48. Cuando todos seamos ricos. Pekín, 2006

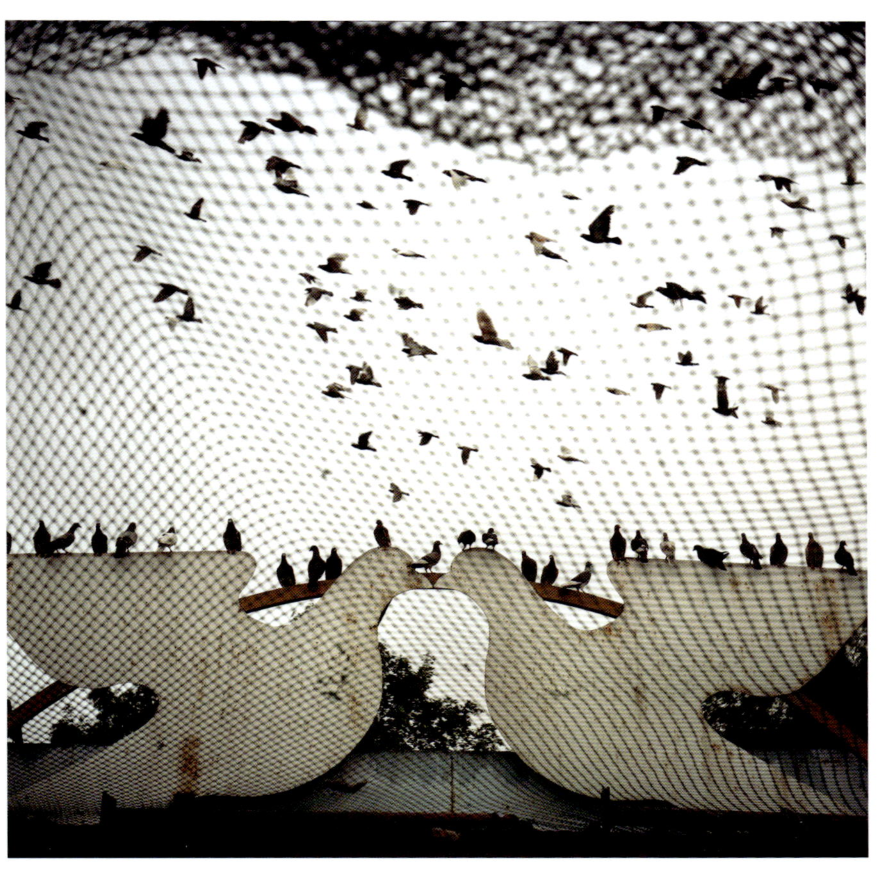

49. Cuando todos seamos ricos. Pekín, 2006

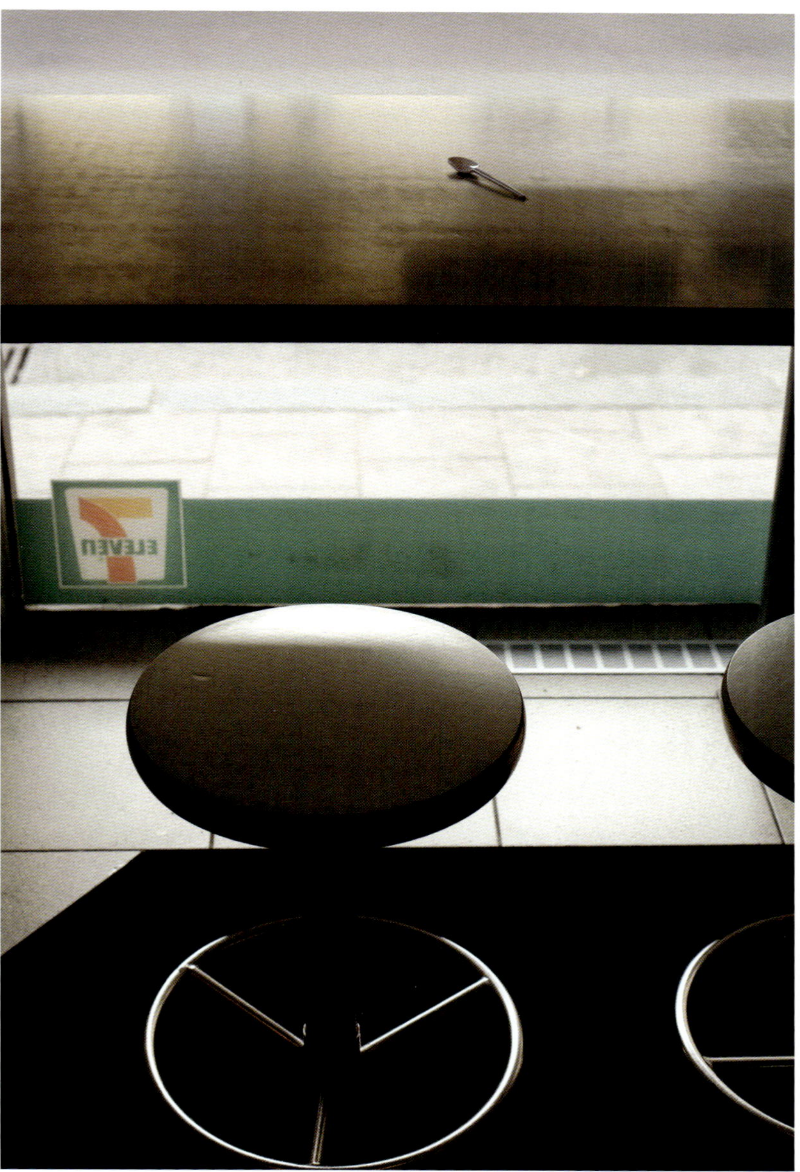

50. Cuaderno de campo. Estocolmo, 2009

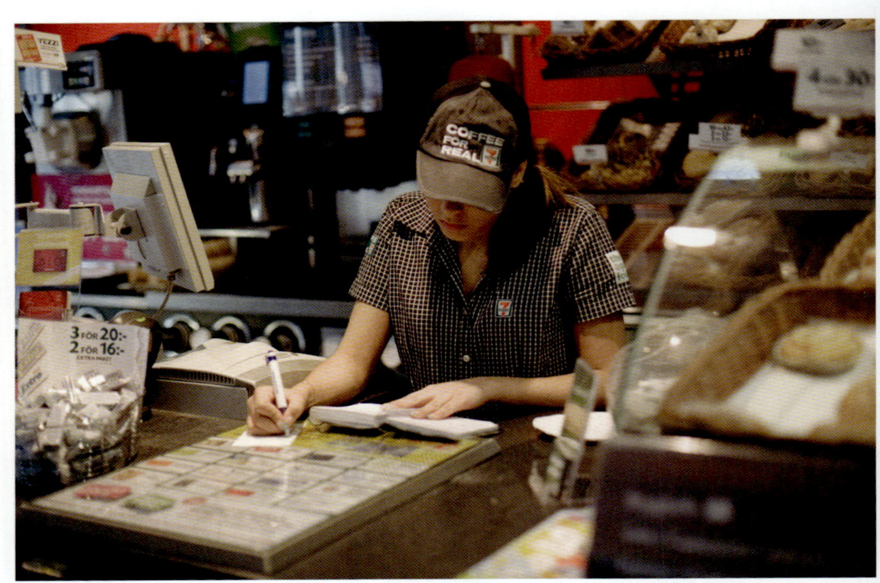

51. Cuaderno de campo. Estocolmo, 2009

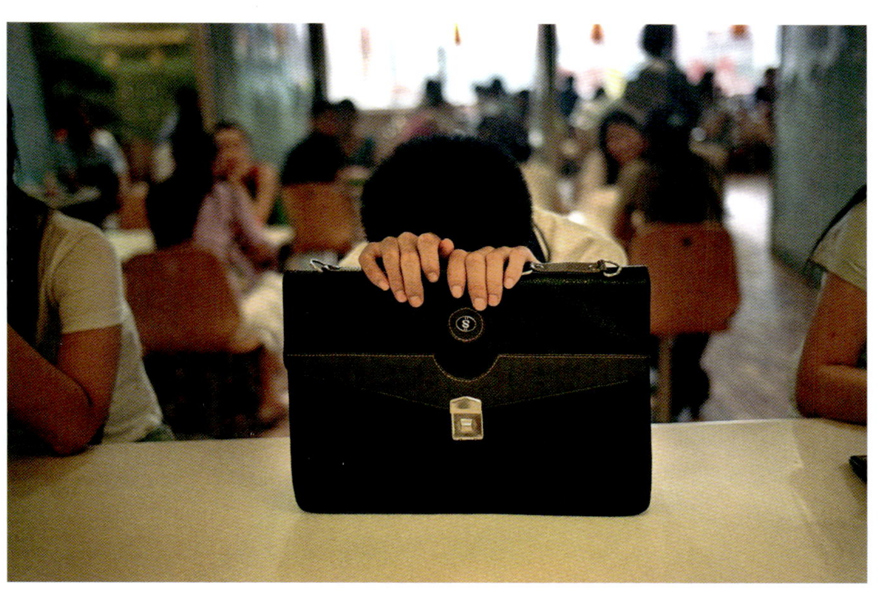

52. Cuando todos seamos ricos. Pekín, 2006

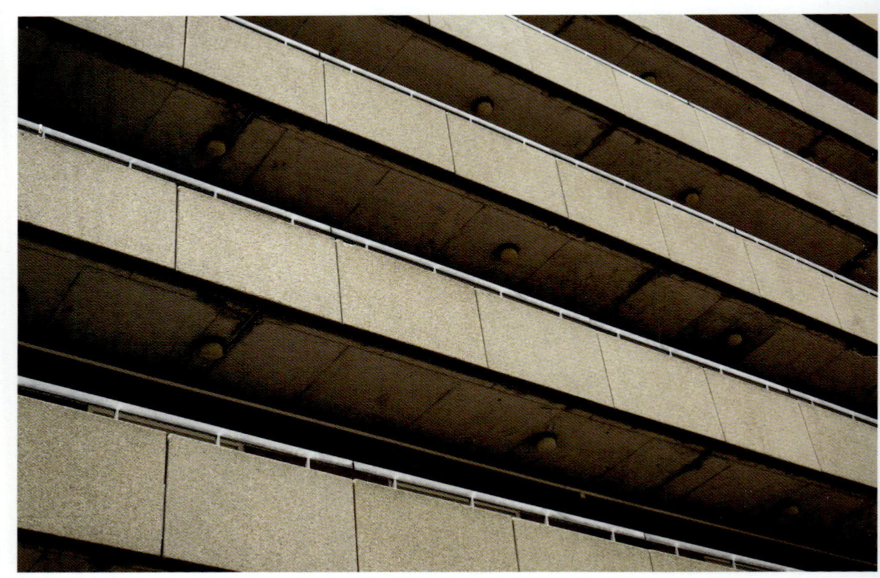

53. Cuaderno de campo. Estocolmo, 2009

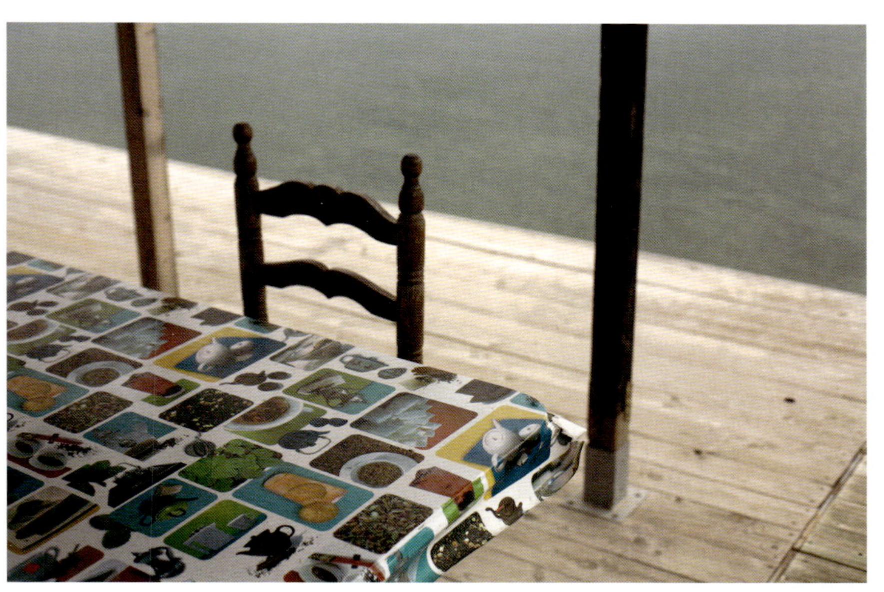

54. Cuaderno de campo. Delta del Ebro, 2009

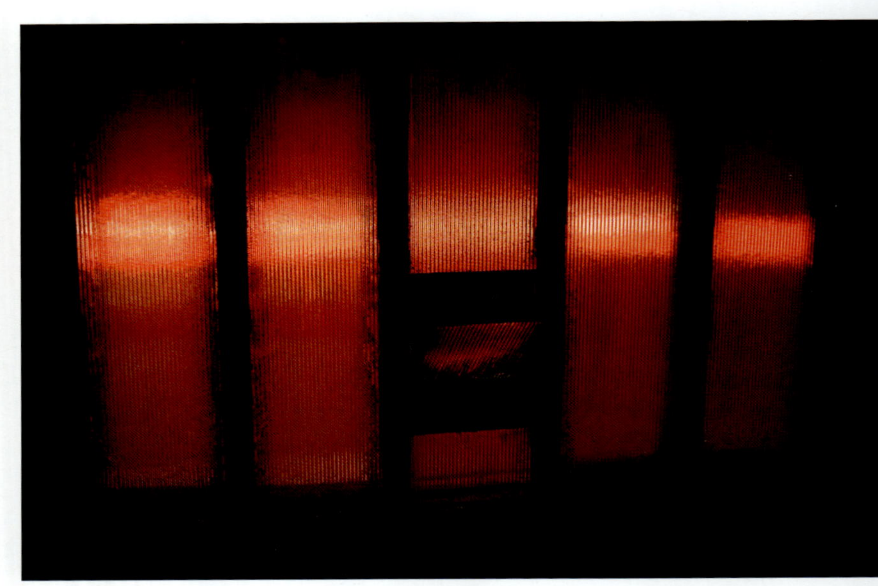

55. Cuaderno de campo. Langreo, 2009

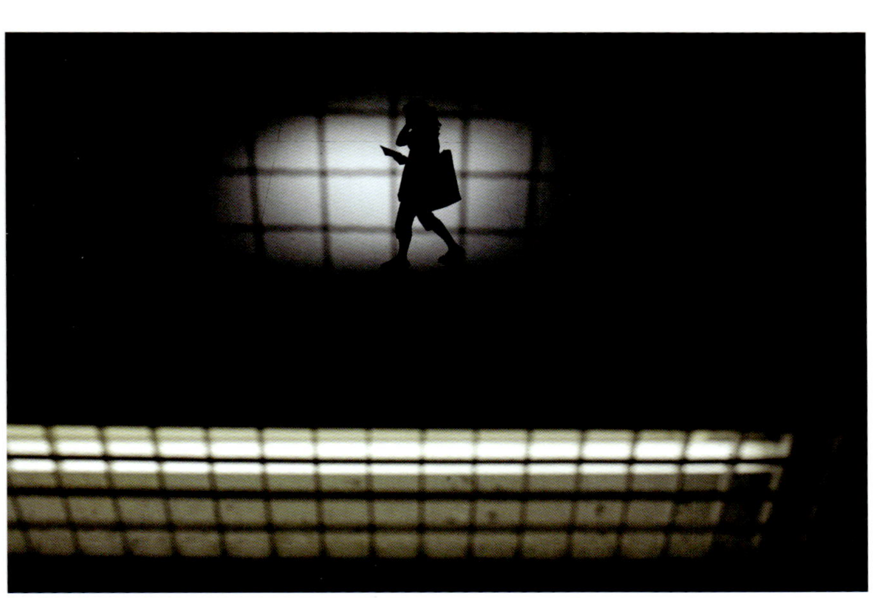

56. Cuaderno de campo. Valencia, 2010

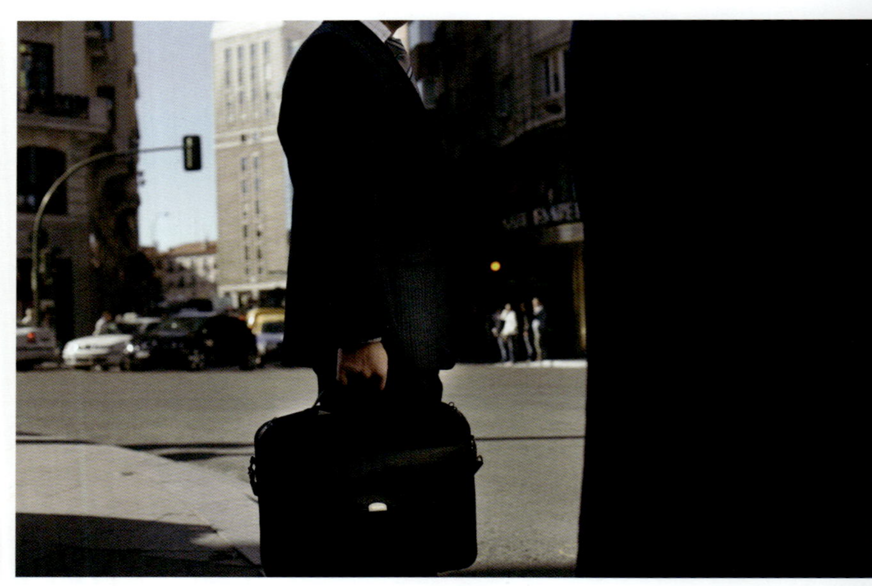

57. Cuaderno de campo. Madrid, 2009

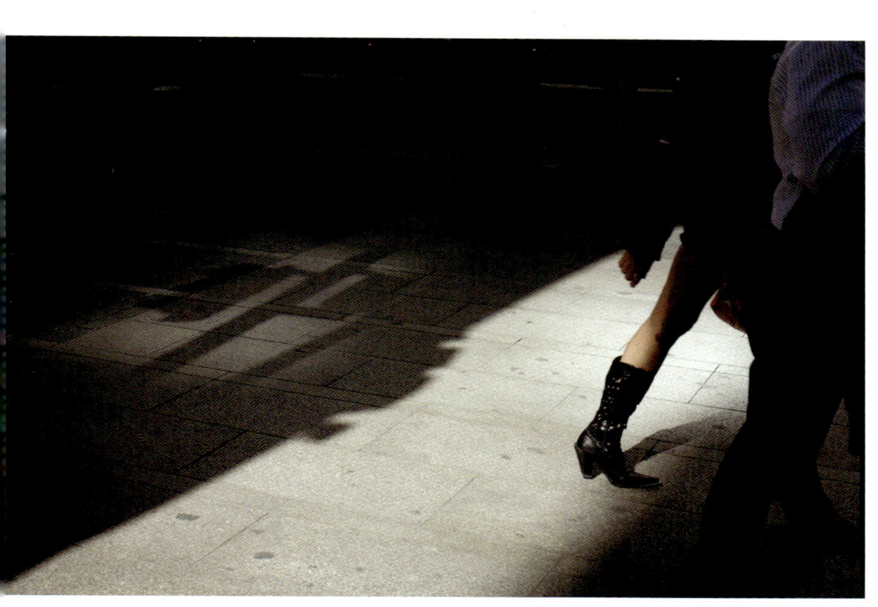

58. Cuaderno de campo. Madrid, 2009

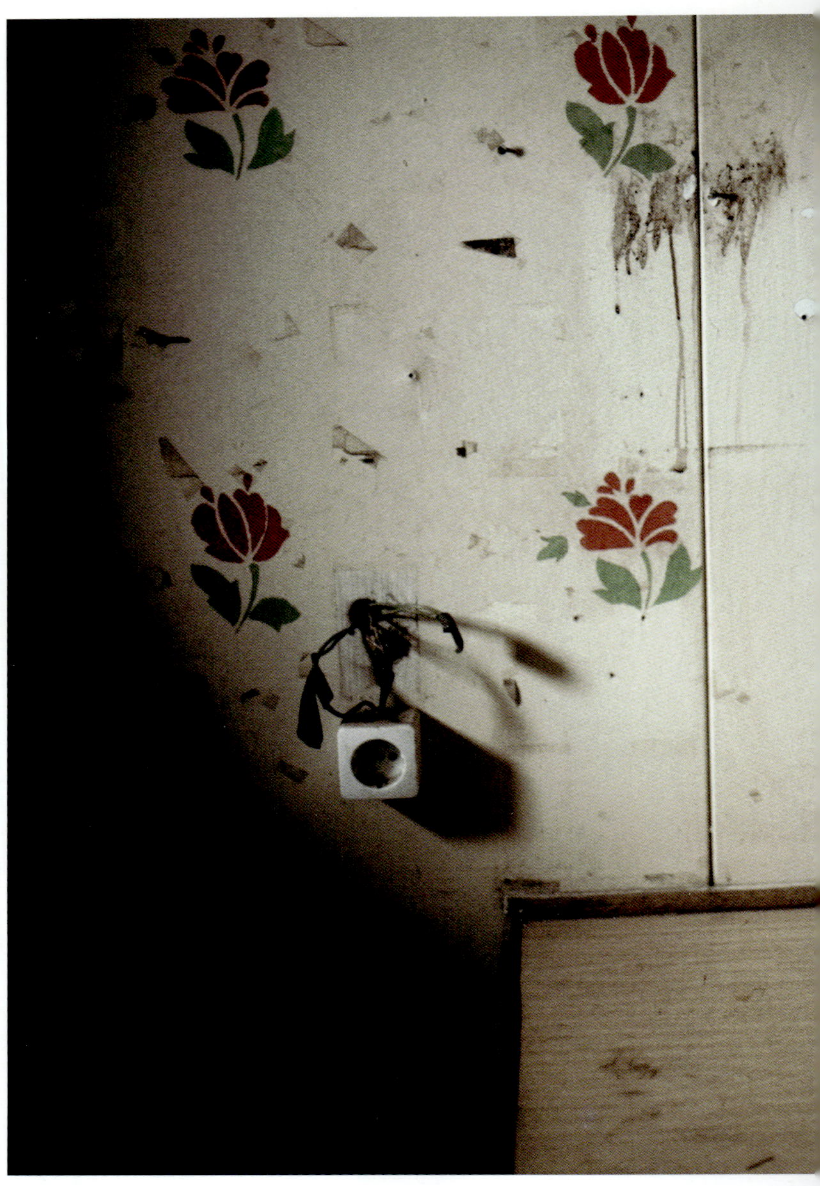

59. Cargo. Gran Canaria, 2007

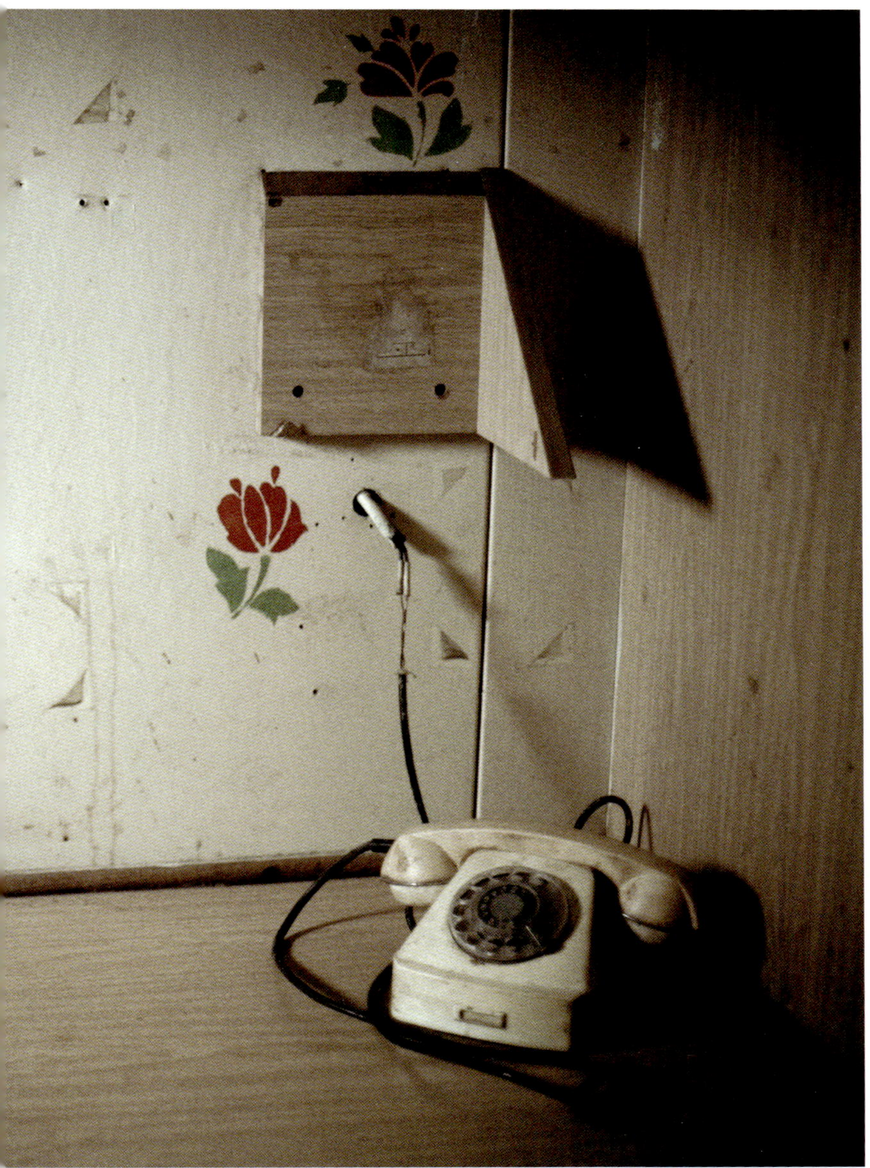

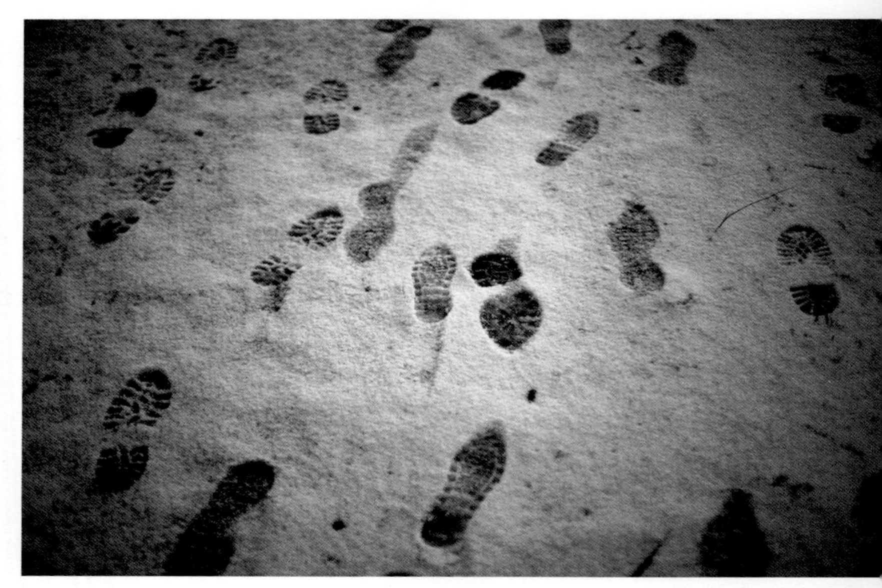

60. Cuaderno de campo. Benasque, 2009

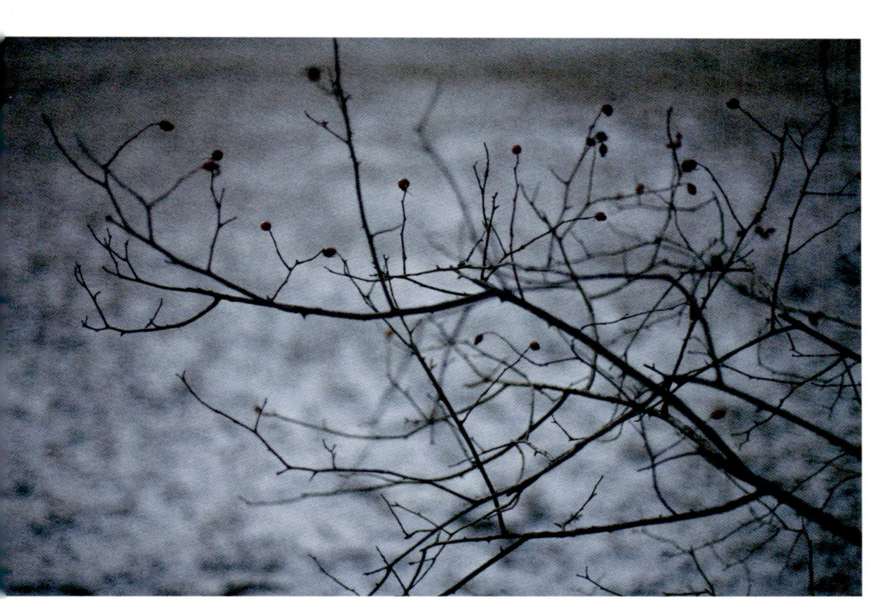

61. Cuaderno de campo. Benasque, 2009

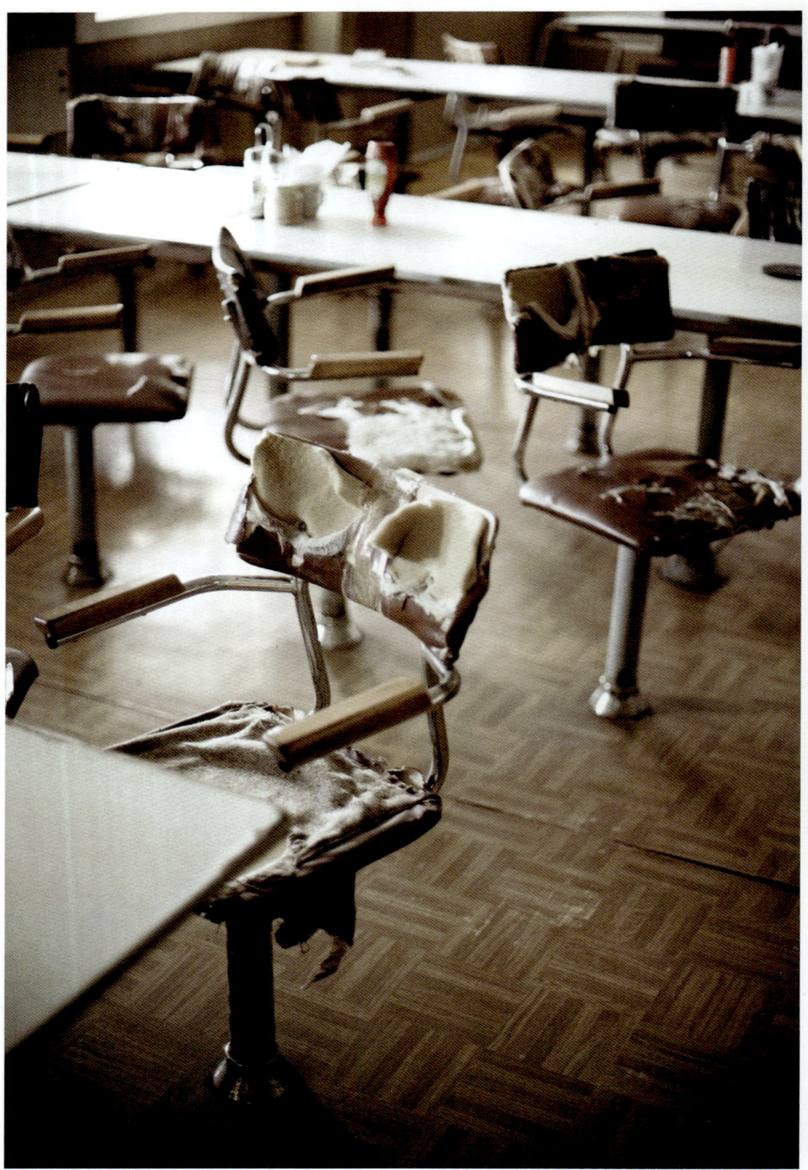

62. Cargo. Gran Canaria, 2007

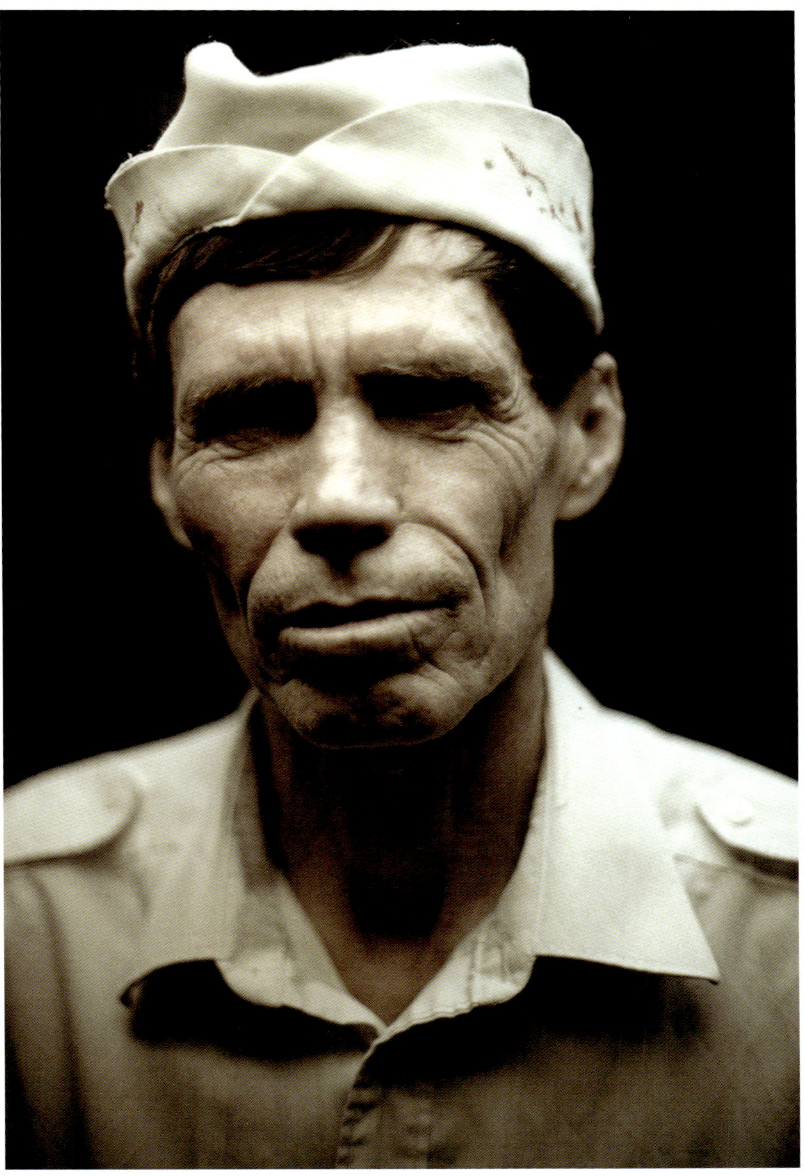

63. Cargo. Gran Canaria, 2007

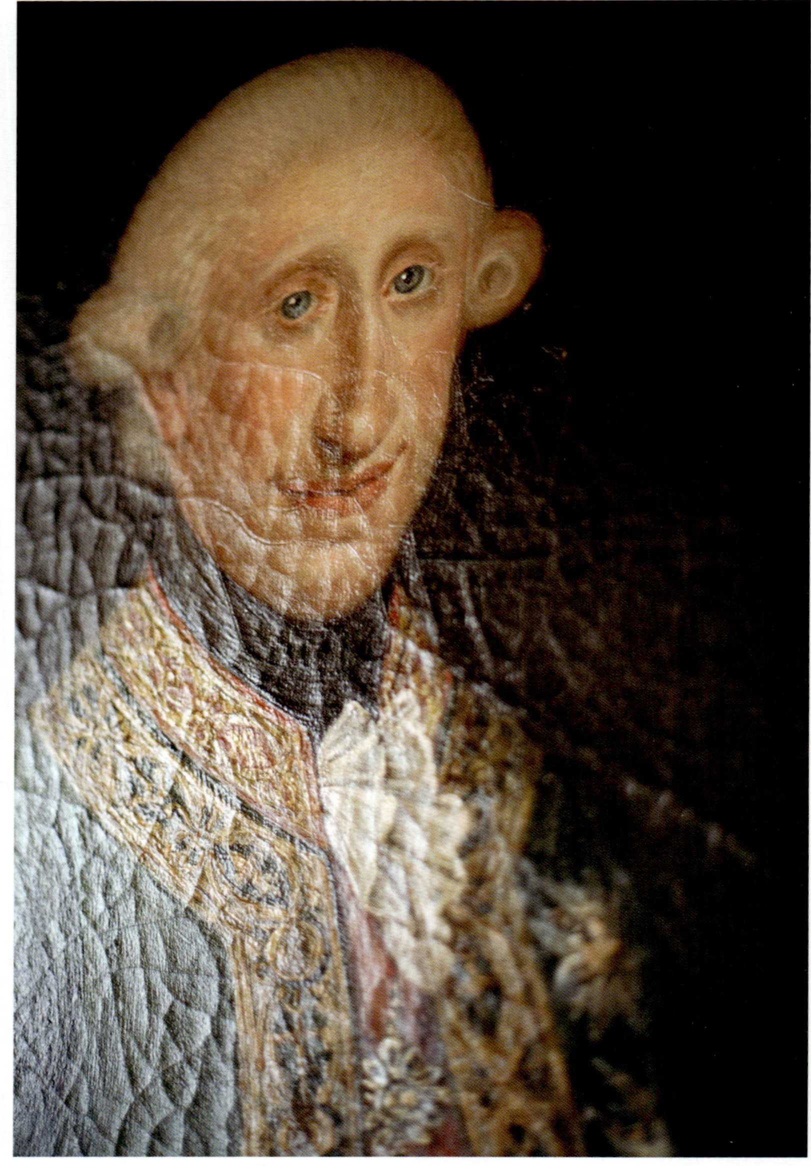

64. Cuaderno de campo. Nápoles, 2009

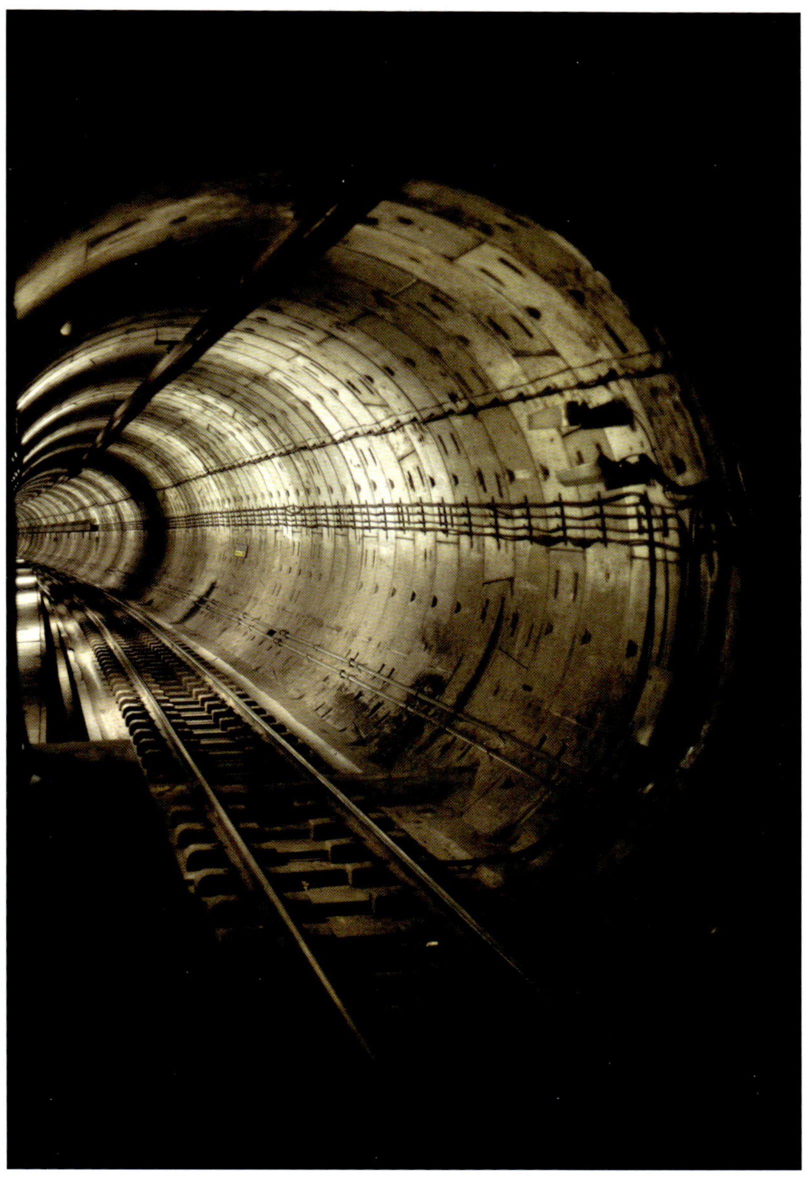

65. Cuaderno de campo. Valencia, 2009

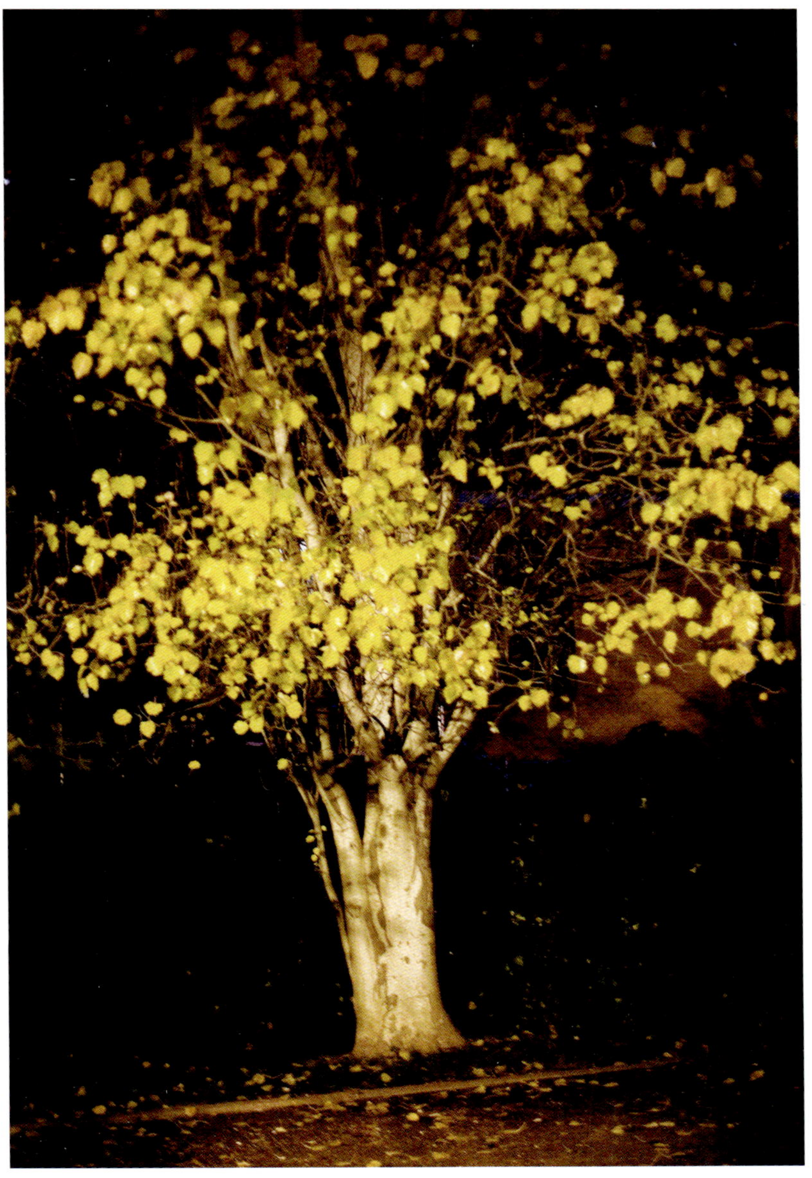

66. Mientras dormías. Madrid, 2007

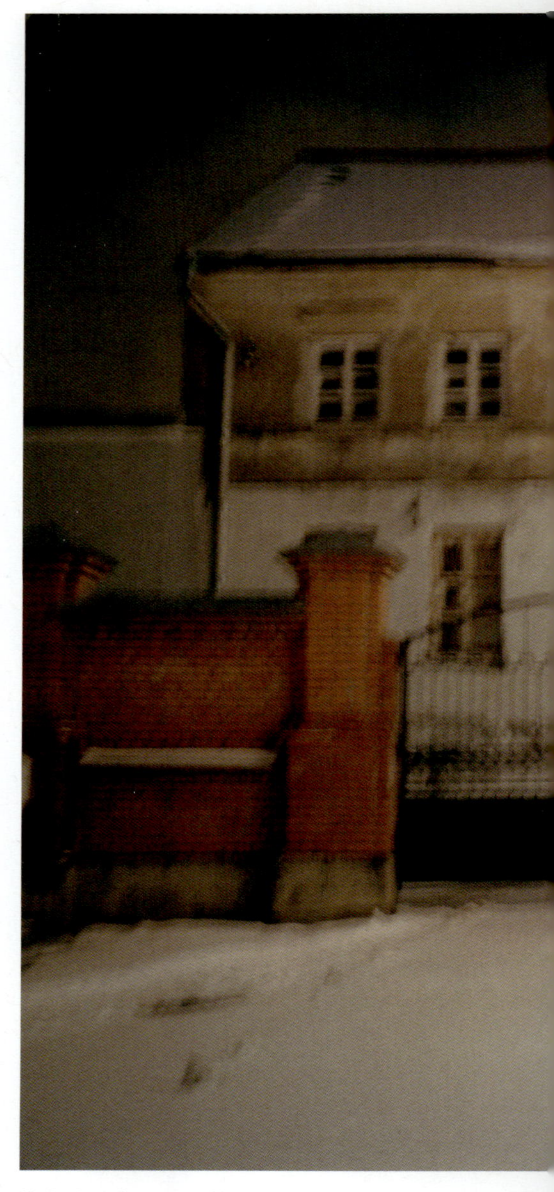

67. The Family Project. Minsk, 2010

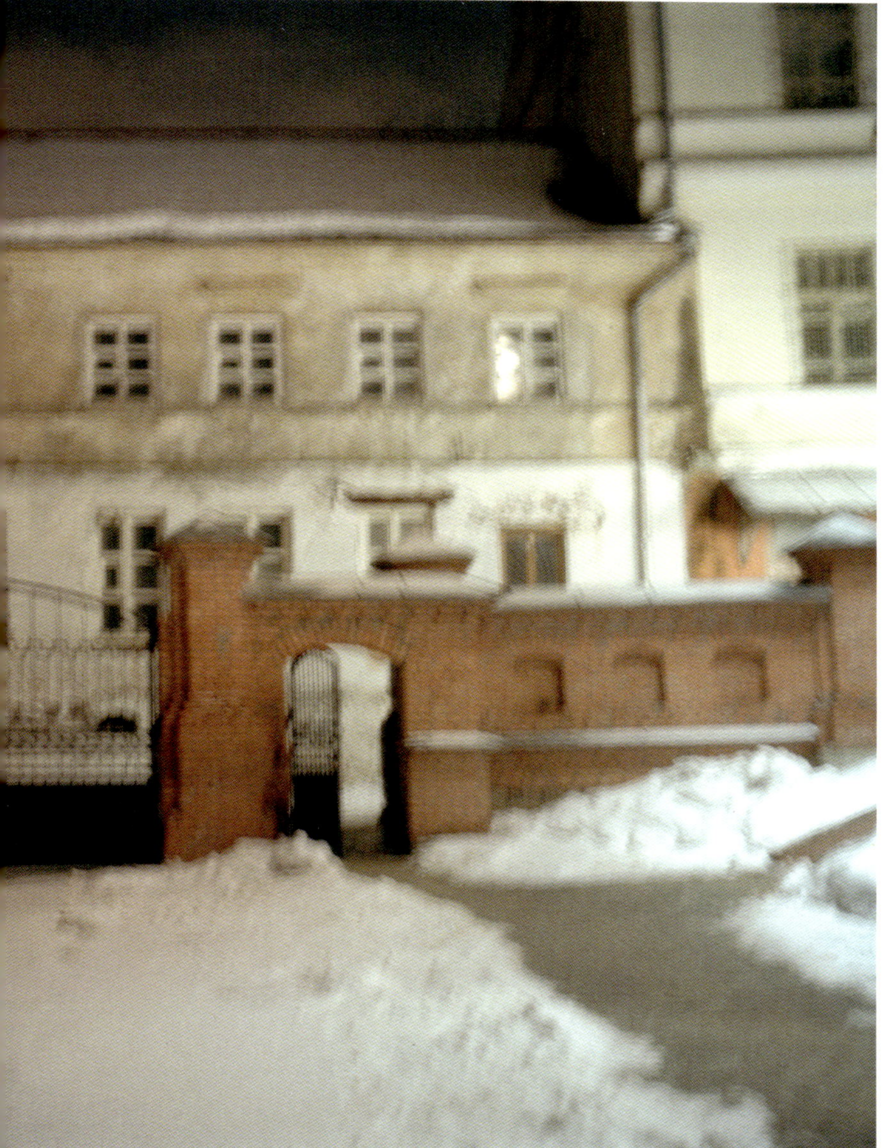

Cronología

1973 Nace en Buenos Aires, Argentina.

1977 Su familia, huyendo de la dictadura, se exilia en
Madrid.

1989 Toma sus primeras fotos, cuando trabaja como
repartidor.

1991 Realiza un curso de fotografía documental en el Taller
de Tecnologías Audiovisuales de Madrid.

1992 Comienza a publicar en revistas como *El Baúl*, *Año
Cero*, *El Ruedo*, *Injuve*, *Banca 15* y periódicos
gratuitos de barrio. Se matricula en Ciencias de la
Comunicación, en la Universidad Complutense de
Madrid.

1993 Recibe los primeros encargos del diario *El País*, con el
que trabajará hasta 1995.

1994 Realiza una colaboración de dos meses en
el departamento de fotografía del Círculo de Bellas
Artes.

1995 Entra a formar parte del equipo de fotógrafos del diario
El Mundo.

1997 Tras dos años de trabajo, termina su serie
«Hijos del vertedero», por la que recibe el Premio
de Fotoperiodismo y Derechos Humanos en el
I Encuentro Internacional de Fotoperiodismo Ciudad
de Gijón.
Se gradúa en Ciencias de la Comunicación.
Realiza talleres con Chema Conesa, Ivo Saglietti, Horts
Faas, Cristina García Rodero, Navia, Eddie Adams,
Santiago Lyon, Manoocher Deghati, Enrique Shore y
James A. Fox.
Recibe la beca del Colegio de España que otorga el
Ministerio de Cultura y se traslada a París. Entra en
contacto con Sebastião Salgado, Christian Caujolle,
Abbas y Gabriel Bauret.
Comienza a trabajar para la Agencia VU, en París.

1998 Gana el premio Descubrimientos de PHotoEspaña.
Viaja a Ruanda para hacer su serie «El país de los niños
perdidos».
Comienza a publicar en *Stern*, *Paris Match* y *La
Repubblica*.

1999 Es seleccionado por la fundación World Press Photo
para asistir al Joop Swart Masterclass en Róterdam.
Comienza su serie «Extraños», sobre la inmigración en
Europa.

2000 Es galardonado con los premios Leica, Unicef, Caja
España y Yann Greffoy, en un solo año.
Fondation Hachette le otorga una beca de creación.

2001　Recibe el premio World Press Photo por su serie
　　　«Extraños».
　　　La agencia Panos Pictures de Londres comienza a
　　　distribuir su trabajo.
　　　Recibe encargos editoriales de *Marie Claire Russia*,
　　　Geo Alemania, *Newsweek*, *El País*, *El Semanal* y
　　　Matador.
2003　Gana el premio World Press Photo y la beca Fotopress
　　　de la Fundación La Caixa.
　　　Comienza a impartir conferencias y talleres.
　　　Empieza a colaborar con *The New York Times*.
2005　La Casa Encendida le encarga un nuevo proyecto para
　　　la exposición *Cuartos mundos*.
　　　Funda, junto a otros 13 autores, el colectivo de
　　　fotografía contemporánea Nophoto.
2006　Recibe encargos de *Le Monde*, *Focus* y *Geo Japón*.
　　　Realiza en Pekín la serie «Cuando todos seamos ricos».
　　　Nophoto recibe el Premio Revelación, concedido por
　　　PHotoEspaña.
2007　Desarrolla, junto a Nophoto, el proyecto expositivo
　　　y editorial con el que se inaugura Matadero Madrid,
　　　centro de creación contemporánea del ayuntamiento.
　　　El libro *6 visiones fotográficas sobre la inmigración*, en
　　　el que participa, recibe la Mención de Honor al mejor
　　　libro de fotografía del año en PHotoEspaña.
2009　Finaliza su serie «Fragmentos de un decorado».
　　　Realiza la serie «Cargo», sobre un barco de la flota
　　　soviética abandonado con su tripulación en el puerto de
　　　Gran Canaria.
　　　Recibe la beca Generaciones de Caja Madrid para
　　　realizar «The family project».
2010　La serie «Cargo» resulta nominada al prestigioso
　　　Prix Pictec y al premio Nuevo Periodismo
　　　Hispanoamericano.
　　　Viaja a Bielorrusia y Lituania para continuar con «The
　　　family project».
2011　Es seleccionado para participar en el proyecto de
　　　creación *Lugares de tránsito*, de la AECID, que se lleva
　　　a cabo en Panamá.

Exposiciones individuales

1998　*Paris sous les bombes*. Maison Espagnole, París.
　　　Hijos del vertedero. Galería Efti, Madrid.
1999　*El país de los niños perdidos*. Festival PHotoEspaña.
　　　Madrid.

Hijos del vertedero. Festival Visa Pour L'Image.
Perpiñán, Francia.

2000 *Hijos del vertedero*. Images Festival. Vevey, Suiza.

2001 *Hijos del vertedero*. FotoBiennale. Moscú.

2005 *Los dos lados del espejo*. Museo de Historia, Valencia.

2007 *Extraños*. Festival Fotonoviembre. Caja Canarias, La
Laguna, Tenerife.
Huérfanos. Centro de Eventos, Valencia.

2008 *Cuando todos seamos ricos*. Instituto Cervantes, Milán.
Extraños. Festival Mapamundistas. Sala de Armas
Ciudadela, Pamplona.

2009 *Extraños*. Festival Periscopio. Sede de Krea Expresión
Contemporánea, Vitoria.
Fragmentos de un decorado. Galería Marita Segovia,
Madrid.

2010 *The family project*. Nida Photofestival. Lituania.
Extraños. Festival Afrikaribu. Kinshasa, RDC.
Fragmentos de un decorado. Hotel Palace, Madrid.

Exposiciones colectivas (selección)

2000 *Power*. Rotterdam Photographic Institute, Holanda.

2001 Arco, stand del Ministerio de Cultura, Madrid.

2003 *Fronteras*. Museo Jardín Borda de Cuernavaca, México.
Nuevas cartografías. La Casa Encendida, Madrid.

2004 *Regards sur 10 nouvelles capitales européenes*.
Champs Elysèes, París.
24 x 36, 50 years of Leica M. Photokina, Colonia,
Alemania.
Born in Europe, new identities. Gropius-Bau Center,
Berlín.

2005 *Others*. Sorlandets Museum, Kristiansand, Noruega.
Cuartos mundos. La Casa Encendida, Madrid.
Estampa, stand de La Fábrica, Madrid.
24 x 36, 50 years of Leica M. Leica Gallery (itinerante
por Nueva York, Solms, Tokio, Fráncfort, Viena y São
Paulo).
Paris Photo, stand del Ministerio de Cultura.

2006 *Fronteras*. Centro de la Imagen, México DF.

2007 *Muta Matadero* (Nophoto). Matadero, Madrid.
Cinco miradas europeas. Festival PHotoEspaña.
Instituto Cervantes (itinerante).
Seis visiones fotográficas sobre la inmigración,
en colaboración con Magnum Photos. Canal de
Isabel II, Madrid, y Espai Metropolità d'Art de Torrent,
Valencia.

2008 *Contemporary Photography from Spain* (Nophoto).
Hubei Museum of Art, Wuhan, China.
Laberinto de miradas. Centro Cultural de España
(itinerante por Iberoamérica).
No mires atrás. Sala de Arte Caja Canarias, La
Laguna, Tenerife.
El arte del documental. Festival Sevilla Foto. Centro de
las Artes, Sevilla.
Nophoto en K. Galería K, Lisboa.
Estampa, stand de La Fábrica, Madrid.
2009 *Aquí y ahora. Fotografía española contemporánea*.
Instituto Cervantes (itinerante por Europa).
2010 *ImMigration*. Galería IA&A Hillyer Art Space,
Washington.
Proyecto OFNI. Galería Valid Foto BCN, Barcelona.
Generación 2010. La Capella, Barcelona, y Arco,
Madrid.
2011 *La herencia construida*. Galería Espacio Líquido, Gijón.
Humanos, acciones, historia y fotografía. Centro de
Arte de Alcobendas, Madrid.

Publicaciones

1998 *El largo viaje*. La Fábrica Editorial, Madrid.
1999 *El país de los niños perdidos*. La Fábrica Editorial,
Madrid.
2000 *Éclats d'enfance*. Éditions du Collectionneur, París.
2003 *VU, 15 Ans*. Éditions de la Martinière, París.
2007 *6 visiones fotográficas sobre inmigración*. Comunidad
de Madrid.
5 miradas europeas. Instituto Cervantes, Madrid.
Muta Matadero (Nophoto). Ayuntamiento de Madrid.
2008 *El mar en la mirada*. Lunwerg / Lemed, Barcelona.
2009 *Aquí y ahora, fotografía documental contemporánea*.
Instituto Cervantes / Aecid / Nophoto, Madrid.
2010 *Red, 25 años de FGV*. Nophoto / FGV, Valencia.
El tiempo amarillo. Lunwerg / Páginas Amarillas,
Madrid.

Obra en museos y colecciones

Colección de Arte Caja Madrid.
Museo di Fotografia Contemporanea di Cinisello Balsamo. Italia.
Hubei Museum of Art. China.
Colección de Arte Contemporáneo de la Comunidad de Madrid.
The Moscow House of Photography. Rusia.

Ministerio de Educación, Cultura y Deporte de España.
Nederlands Fotomuseum. Holanda.

Francisco Calvo Serraller

Nacido en Madrid en 1948, Francisco Calvo Serraller es catedrático de
Historia del Arte en la Universidad Complutense de Madrid y director de la
cátedra Jorge Oteiza en la Universidad Pública de Navarra. Durante 1993 y
1994 fue director del Museo del Prado y en 1999 fue elegido miembro de
número de la Real Academia de Bellas Artes de San Fernando. Es colabo-
rador habitual en temas artísticos en el diario *El País* desde su fundación.
Ha sido comisario de numerosas exposiciones en España y en el extranjero,
entre las que destacan: *Picasso: tradición y vanguardia* (Museo del Prado
y Museo Nacional Centro de Arte Reina Sofía, Madrid, 2006), *El tiempo, la
verdad y la historia. Pintura española de El Greco a Picasso* (Guggenheim
Museum, Nueva York, 2006-2007) y *Escultura española actual 2000-2010*
(Museo de Arte Contemporáneo Esteban Vicente de Segovia, 2010). Ha
publicado más de treinta libros, el último de los cuales, en colaboración con
Juan Pablo Fusi, se titula *El espejo del tiempo. Historia y arte de España*
(Madrid, 2009).

Born in Madrid in 1948, Francisco Calvo Serraller is a full professor of art
history in Madrid's Complutense University and the director of the Jorge
Oteiza Chair at the Public University of Navarra. During 1993 and 1994 he
was the director of the Prado Museum and in 1999 was elected a member
of the Royal Academy of Fine Art of San Fernando. He has been a regular
contributor on artistic subjects to the *El Pais* newspaper since its foundation
and the curator of numerous exhibitions in Spain and abroad, including:
Picasso: tradición y vanguardia (Prado Museum and the Reina Sofia
Museum, Madrid, 2006), *El tiempo, la verdad y la historia. Pintura española
de El Greco a Picasso* (Guggenheim Museum, New York, 2006-2007) and
Escultura española actual 2000-2010 (Museo de Arte Contemporáneo
Esteban Vicente in Segovia, 2010). He has also published more than thirty
books. His most recent work, written in collaboration with Juan Pablo Fusi,
is titled *El espejo del tiempo. Historia y arte de España* (Madrid, 2009).

The Wide-Angle Lens

Francisco Calvo Serraller

I don't know how many reasons may exist for taking a photograph, above all if the photographer lacks motivation. Having a specific professional motivation defines the situation somewhat but at the same time trivialises it. If possible, I would like to imagine someone who shoots a photograph "just because", without anyone asking for it, not as a favour, a souvenir or a job. For nothing special – just because. Someone who thinks he has seen something in reality that needs to be rescued and wants to have a pause to think. A time switch that turns on reality. Not a receiver but a creator of images. In short, someone with imagination; that's it, someone capable of always seeing beyond what he sees, who tries to achieve a level of strangeness that bursts and reinvents reality. A poet of the gaze.

One of the photographic series made by Matías Costa is precisely titled "Extraños" (Strangers). It was shown in public for the first time in 2003 and contains a selection of the material he gathered on immigration over a period of six years. Another series, shown in public in 2009, is called "The Family Project", and the title announces his subject although on the one hand, it should be made clear that it deals with the author's family and, on the other, the warning should be made that family histories, although their future may be vague, always remit us to the past. By nature, both series are *infinite* – they have no limit – but they propose two different possibilities: the first, a horizontal journey; the second, a vertical one. And so, if we visualise them simultaneously in geometric terms, they form a right angle. Therefore, Matías Costa's *angular* (wide-angle lens) is a right angle.

In Spanish, the terms "angle", "anguish" or even "angel" share the same root: "ang", which precedes and announces the tension of what is different. If we imagine it as a continuous line, for example, it would be wavy or wriggly. In any case, the "straightness" of the right angle must come from synthesising to the maximum – ideally – all possible direction because it joins horizontal and vertical, which would explain why Mondrian found in it the ultimate spatial key to the plane. But if we have mixed angles with angels and anguish, it is not just for the energy that two opposite directions unleash but above all for their existential significance. Two directions, two natures, two walls. One journey. An outer journey and an inner one.

It is enough to know Matías Costa's name and surnames and his birth in Buenos Aires to realise that he is an intimate part of the interminable migratory flow. Except for a short period of time, migration has almost been the natural human condition because during their fairly long history, estimated at a 1.5 million years, human beings have only stayed immobile or rooted, and always relatively, for some three thousand years, those that turned the constantly moving hunter-collector into a settler, an exploiter of the land. After the Industrial Revolution, migration was to the cities, but today that artificial stability is breaking up in a thousand ways. In any case, one thing is to migrate and the other what this same verb means accompanied by particles, as in emigrate or immigrate, which show us that the movement or change of residence was forced for some reason. The pressures that require an undesired change of place include the one expressed by the term "exile", which implies a departure from oneself motivated by ideological harrassment. Significantly today, the term migrate is reserved almost exclusively for animals, particularly birds, whereas the permanent movements of human beings are called emigration, immigration or exile and announce to us the economic, social and political instability of our modern world.

Due to heritage and his personal circumstances, Matías Costa is someone well versed in emigrations, immigrations and exiles, which perhaps helps us understand why he is a creator of images that are cut by strangeness and memory, the two lines of force that articulate the right angle of his way of looking at the world. Someone who begins a horizontal journey, one that travels along our planet's horizon, crosses physical and anthropological settings different from his native ones, sees things that are strange to him and is successively seen as strange. Matías Costa's photos are a formidable testimony to this strangeness or otherness and also, never better said than in this instance, alienation, because being alienated does not mean anything more than living in relation to what belongs to others more than with what is your own. But how can an image without words place us within this drama of human estrangement? Matías Costa's photos, both in the "Extraños" series and in other similar works avoid melodramatic rhetoric and introduce us into the sordid anonymous landscape – sordid because it is anonymous – of emigration with its wake of indirect data stemming from nocturnal movement, haste, pressure and the dead weight of carrying all of one's belongings. But what makes Matías Costa's photos of emigrants more corrosively truthful is that they clearly show the road's interminable nature, the desolation of moving with no destination, because emigrants know from where they have come but never where they are going. In this sense, perhaps the most distressing photograph in this series is that of a bare marine horizon.

Anyway, only someone who has faced the experience of emigration can imagine the vertical journey to the depths of personal memory. This is what has happened to Matías Costa and he has left visual confirmation of it in "The Family Project", where the author goes back to the time of his relatives just as someone builds an album or a puzzle from disperse fragments trying to find himself not in a landscape but at least in a past. The vertical trip to the past is an infernal path of exploration, interpreting, we might add, the term inferno in its original etymological sense of "what is underneath you", so that it holds you up better but also sinks you. And so it is the subterranean journey par excellence. Matías Costa has found himself doomed to this trip backward and inward, toward the subterranean, but in order to provide visual testimony of it he cannot make more shots than those that ready made images provide him; in other words, the only shot the author can take is of a collage of what he has found. Pieces will obviously always be missing, which turns this collage into a dramatic work in progress, a titanic task resembling the fate of Tantalus because it is simultaneously a gigantic effort and torture.

We cannot say that Matías Costa's world is limited to these two journeys, but we can say that his visual right angle is marked by this essential articulation. What I mean is that when, for example, some of his photographs of landscapes or still lifes are observed, their existential colouring continues to be perceived making us not only capture the unique and strange nature of situations and things but also their fragility. Upon reviewing Matías Costa's photos, there is a feeling that he focuses using the revealing wide-angle lens of a poet of the gaze who covers the visual field like a complete, deep right angle in which truth is revealed.

PHotoBolsillo

Director de la colección / Series Editor
Chema Conesa

Diseño original / Original Design
Fernando Gutiérrez

Coordinación / Coordination
Doménico Chiappe

Producción / Production
Naiara Garro

Traducción / Translation
Herrán Coombs

Fotomecánica / Photomecanics
Cromotex

Impresión / Printer
Brizzolis

© de las imágenes / Image
Matías Costa

© del texto / Text
Francisco Calvo Serraller

© de la presente edición / Present Edition
La Fábrica, 2011

ISBN
978-84-92841-86-8

Depósito legal
M-22315-2011

LA FABRICA EDITORIAL

Editor / Publisher
Alberto Anaut

Directora editorial / Editorial Director
Camino Brasa

Director de Desarrollo / Development Director
Fernando Paz

Producción / Production
Paloma Castellanos

Organización / Organiser
Rosa Ureta

La Fábrica Editorial
Verónica, 13
28014 Madrid
Tel.: 34 91 360 13 20
Fax: 34 91 360 13 22
e-mail: edicion@lafabrica.com
www.lafabricaeditorial.com

Una coedición entre / A Coedition Between

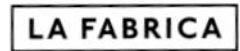
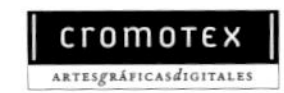
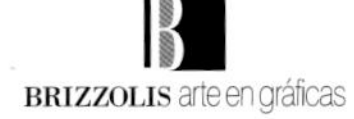

Biblioteca
de Fotógrafos Españoles

Xavier Miserachs
Nicolás Muller
Humberto Rivas
Ricky Dávila
Koldo Chamorro
Francesc Català-Roca
Carlos Pérez Siquier
Luis Pérez-Mínguez
Gabriel Cualladó
Javier Vallhonrat
Miguel Trillo
Pilar Pequeño
César Lucas
Fernando Gordillo
Agustí Centelles
Baylón
Isabel Muñoz
José María Díaz-Maroto
Cristóbal Hara
Antonio Tabernero
Alberto García-Alix
Pablo Genovés
Clemente Bernad
Carlos Serrano
Ramón Masats
Óscar Molina
Cristina García Rodero
Pablo Pérez-Mínguez
Joan Fontcuberta
Navia
Ricard Terré
Fernando Herráez
Oriol Maspons
José Ignacio Lobo Altuna
Xurxo Lobato
Genín Andrada

Valentín Vallhonrat
Vari Caramés
Juan Manuel Díaz Burgos
Ferran Freixa
José Antonio Carrera
Manuel Vilariño
Kim Manresa
Rafael Navarro
Toni Catany
Luis Escobar
Marta Sentís
Chema Madoz
Ciuco Gutiérrez
Alberto Schommer
Ouka Leele
Manel Esclusa
Laura Torrado
Ángel Marcos
Ortiz Echagüe
Francisco Ontañón
Carlos Saura
Alfonso
Juan Manuel Castro Prieto
Pep Bonet
Juantxu Rodríguez
Paco Gómez
Virxilio Vieitez
Gonzalo Juanes
Rosa Muñoz
Leopoldo Pomés
José Ramón Bas
David Jiménez
Leonardo Cantero
Jordi Socías
Colita
Alfredo Cáliz
Gervasio Sánchez
Txema Salvans
Matías Costa

Biblioteca de Fotógrafos
Latinoamericanos

Luis González Palma
Casasola

Biblioteca
de Fotógrafos Africanos

Jean Depara
Samuel Fosso

Próximos títulos / To Be Published

Emilio Morenatti

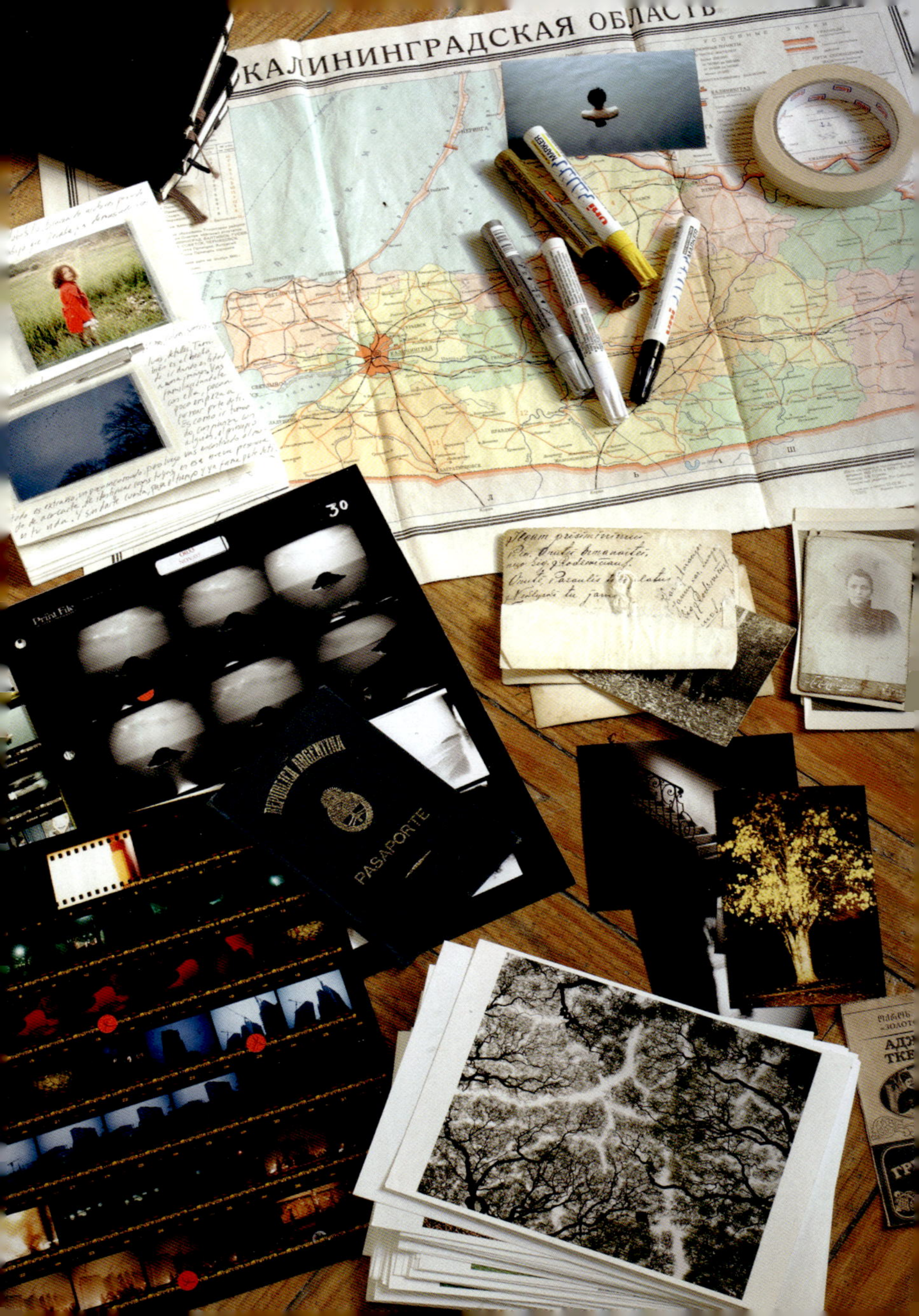